AF222104

CHAJ! Wir leben noch!

20 JAHRE CHOR INSPIRATION

CHAJ, CHAJ, CHAJ!

Schim'u achaj,
ani od chaj
u–schtej ejnej od nisa'ot la'or.
Es–ko lechaj
Le–kol orchaj
Le–levanaj hamevakschim lachsor.
Ani scho'el
u–mitpalel,
tov schelo avdah od ha–tikvah

Refrain:
chaj, chaj, chaj,
ken ani od chaj!
Se ha–schir sche–saba
Schar etmol le–aba
Ve–ha–jom ani.
Ani od chaj, chaj, chaj,
am israel chaj,
chaj – ani od chaj, chaj, chaj

Hört meine Brüder und Schwestern!
Ich lebe noch und meine Augen sind zum Licht gerichtet.
Alle, die zu mir kommen, werde ich erinnern an das Leben
Und meine Kinder werde ich bitten zurück zu kommen.
Ich frage und bete, gut dass die Hoffnung nicht zu Ende ging.

Lebe! Lebe! Lebe!
Ja ich lebe noch!
Das Volk Israel lebt!
Das ist das Lied,
das der Großvater gestern
dem Vater sang,
und ich singe es heute.

Allen Freunden der INSPIRATION gewidmet

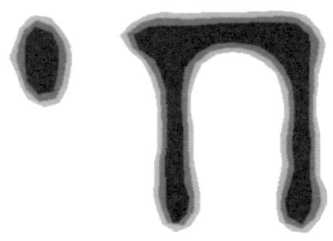

C H A J !

Wir leben noch!

20 Jahre Chor INSPIRATION

C H A J ! Wir leben noch!

20 JAHRE CHOR INSPIRATION

Impressum:

Bibliographische Information Der Deutschen Bibliothek:
Die Deutsche Bibliothek verzeichnet diese Publikation in der Deutschen
Nationalbibliographie; detaillierte bibliographische Daten sind im Internet
unter < http://dnb.d-db.de> abrufbar.

© Inspiration – Chor für interkulturelle, spirituelle Musik
Herausgeber: Sepp Kuffer

Herstellung und Verlag: Books on Demand GmbH, Norderstedt
Umschlaggestaltung, Satz und Layout: Sepp Kuffer

ISBN **9783837035506**

Inhalt

CHAJ !

Es gibt viele Chöre. Gesangsvereine, Jugendchöre, Sinfonische Chöre – in den unterschiedlichsten Größen, mit den unterschiedlichsten Repertoires, Ansprüchen, Qualitäten. Und das ist gut so. Wo immer Menschen sich zusammenfinden um ihre Stimmen und Sprachen dem besten aller Zwecke zuzuführen, nämlich zu singen – und das in geordneter, arrangierter, komponierter Weise und vor allem gemeinsam: Da lass dich ruhig nieder. Denn böse Menschen haben keine Lieder. Zumindest keine, die man ertragen kann.

Dies alleine ist Grund genug, das zwanzigjährige Bestehen eines Chores zu feiern. Bei INSPIRATION kommt noch etwas dazu: Das Erstaunliche. Es gab keine von den sonst unerlässlich erscheinenden Strukturen eines auf Dauer angelegten Vereinslebens, von Satzungen und Ordnungen, keine restriktiven Anforderungen an Motivation, Qualifikation und

Disziplin der Sänger. Es gab keinen Vorstand. Keinen Kassen-
wart. INSPIRATION ging es um die Inspiration. Sie funktio-
niert basisdemokratisch. Sie besteht aus Individuen, die eine
gemeinsame Vision haben. INSPIRATION lebt aus sich selbst.
Sie steht und fällt mit der Motivation der einzelnen. Doch
auch die Motivationslage war nicht immer glänzend. Es gab
interne Diskussionen und Prozesse der Selbstorganisation.

Der Fortbestand dieser Formation war zu keinem
Zeitpunkt selbstverständlich. Deshalb war der Ausruf eines
Chormitgliedes nach einem dreijährigen Auslandsaufenthalt:
„Was, Euch gibt es immer noch?" durchaus mitvollziehbar.

Wir antworten darauf: „CHAJ! Wir leben!" (Chaj! =
hebräisch LEBE! heißt ein beliebter israelischer Song, der
zum festen Repertoire der INSPIRATION gehört.

Was hielt die Gruppe, das Ensemble, den Chor, die
Musiker von INSPIRATION zusammen? Was ließ sie Form und
Inhalt bewahren trotz anfänglich rasch wechselnder Perso-
nen, trotz aller Krisen und Kritik?

Es war und ist die Vision. Diese Vision – oder sagen
wir: gemeinsame Inspiration – hat sich schon sehr bald nach
dem Entstehen von INSPIRATION in einer Art Leitbild nie-
dergeschlagen. Man findet es auf den sparsamen Werbeele-
menten eines Flyers und einer Website im Internet:

DIE VISION

![Chagall-artige Malerei: König David mit Harfe]

MUSIK IST GEIST

◀ Sie ist der "Chariot", der Himmelswagen. Jede Zeit und jede Kultur hat ihren Himmelswagen. Wir wollen ihn suchen und dem Geträumten näher sein.

◀ Manchmal finden wir ihn und er nimmt uns dann mit. In den Spirituals und Gospels, den Gesängen ostkirchlicher Liturgie, dem heiligen Tanz der chassidischen Musik, alten und neuen Liedern und Sätzen - aber auch in eigenen Inspirationen finden wir ihn.

◀ Wo immer die Welt durch Musik etwas durchsichtiger wird für Schönheit, Gerechtigkeit, Liebe, wollen wir dabei sein.

◀ Wir zertrennen Musik nicht in geistliche und weltliche Musik.

◀ Jede Musik, die wir zu Ihrer und unserer Freude machen können, können wir auch zur Ehre Gottes machen.

◀ Wir sind kein Kirchenchor, aber wir singen oft in Kirchen.

◀ Wir sind junge Erwachsene, Eltern und Großeltern, Berufstätige und Pensionisten, Kirchliche und Nichtkirchliche, Profis und "nur" Musikalische. Zwischen 30 und 83 verbindet uns die Musik, aber nicht nur.

◀ Wir haben auch einen Traum von der solidarischen Gesellschaft von morgen.

Die Vision entsprang der persönlichen Musik Erfahrung der Gründer, ihrer Ahnung von der Kulturen verbindenden Rolle der Musik und von einer Kirche aus selbstbestimmten, verantwortlichen und solidarischen Menschen als Vorbild für eine Gesellschaft von morgen.

Sie entwickelte sich weiter und realisierte sich mit jedem Menschen, der hinzukam. Sie beschreibt die Bedeutung der Musik als Medium einer frohen Botschaft: Aber Musik ist Medium und Botschaft zugleich.

Die Anfänge von INSPIRATION lagen in internationaler Kirchenmusik der Jugend, in Spirituals und Gospels, amerikanischen Folksongs, der Realisation eigener Songs und Arrangements. Später kam die intensive Erfahrung ostkirchlicher Hymnen und alter Madrigale hinzu. Eine für den Chor fast schicksalhafte Wendung war die Berührung mit der ostjüdischen Musikkultur und der jüngeren hebräischen Musik. Dies führte zu einer einzigartigen Stellung der Gruppe in der fränkischen Chorlandschaft. Die Gruppe erkannte und ergriff die Aufgabe, diese versunkene Musik der durch das „Dritte Reich" vernichteten jüdischen Kultur wieder zu beleben und ihr ein originelles, eigenständiges Gesicht zu geben. Am Anfang stand aber keine gesellschaftspolitische Überlegung, sondern die Faszination dieser Musik.

Musik als Geist, als innerster Brand der Sehnsucht nach dem Einen, Heiligen, alles Verbindenden: Das erlebte die Gruppe bei der Arbeit an den vielen sehr verschiedenartigen Chorwerken, kleinen und großen Sätzen, Liedern und Songs.

Je näher Musiker dem glühenden Kern der Musik kommen, desto weniger sind sie gewillt, in Kategorien wie Kunst und Unterhaltung, ernster oder leichter, geistlicher oder weltlicher Musik zu denken und sie qualitativ zu bewerten. Der glühende Kern ist die Sehnsucht, das dahin Fahren auf Flügeln wie Elija, auf dem Chariot, dem Himmelswagen. Da spielt es keine Rolle, ob der Komponist Reger oder Orlando die Lasso heißt oder Schreiber eines jiddischen Liedchens wie Mordechaj Gebirtig ist, ob er Arrangeur eines alten Spirituals oder ein Songwriter wie Bob Dylan ist. Dieses Brennen in der Musik zu finden und zum Ausdruck zu bringen, das ist es, was man KLEZMER nennt. Jeder, der mit der Sehnsucht seines Herzens Musik macht, ist ein Klezmer. So sagt es jedenfalls sinngemäß Giora Feidman, der weltberühmte Klezmer-Klarinettist.

Natürlich musste auch INSPIRATION bald begreifen, dass die Inspiration alleine nicht ausreicht, sondern dass sie ein gutes, handwerkliches, herausgebildetes Stimminstrumentarium braucht. Präzision, Disziplin, Kontinuität. Dass diese Eigenschaften unerlässlich sind für Erfolg, auch das war ein gemeinsamer Lernprozess. Daran wird seit dieser Erkenntnis gearbeitet, in Workshops, bei jeder Probe.

Aber INSPIRATION entwickelte eine eigene Qualität. Nach den Konzerten stehen die Menschen oft auf. Sie sind ergriffen. Ihr Applaus gilt dabei weniger dem musikalischen Kunstwerk oder der Kunst der Interpreten, die vor ihnen stehen, sondern dem Unerklärlichen, das soeben ihre Seele bewegt hat. Das versteht INSPIRATION unter Erfolg. Er geschieht im Verborgenen: In den Seelen und vielleicht in den Herzen.

DIE GRÜNDUNG

◀ Die Väterband

Durch die *außerschulische Sakramenten Erziehung* und die Kindergottesdienste kamen einige Väter zusammen und machten Musik für jene Anlässe, gestalteten Gottesdienste mit, fingen schließlich mit jungen Leuten zusammen an, zu proben, ganze Messen zu singen.

Die drei Väter - Charly Pelikan, Hardl Wiesneth und Sepp Kuffer musizierten bei der Erstkommunion ihrer Kinder am weißen Sonntag 1987 in Memmelsdorf, anfänglich mit Unterstützung durch Lehrer Kress. Irgendwann wurde die noch namenlose Väterband, mittlerweile bekannt durch ihre Gottesdienstmusik, um Mitgestaltung eines Jugendgottesdienstes gebeten. Schon hatten sich auch jüngere Leute zu uns gesellt, um mitzusingen. Ein kleiner Chor entstand.

Die erste Aufführung war die Gen-Rosso-Messe im Jahr 1988, ein Werk der gleichnamigen Band aus der Focolarini-Bewegung in Italien. Dazu brauchte man mehrstimmigen Gesang und das musste geprobt werden. Die ersten Proben fanden im Garten hinter dem Haus von Sepp und Ruth Kuffer statt.

Das nächste Projekt dieser erweiterten *Väter-Band* – wir hatten noch immer keinen Namen – war die Masithi-Messe oder richtiger: *Missa Zimbabwe*. Dies war unser erster Kontakt mit afrikanischer Musik in der Fastenzeit 1989.

Die Väterband 1987. Von links: Sepp Kuffer, Hardl Wiesneth, Charly Pelikan.

12. Masithi – Großes Amen (S. C. Molefe)

1.Ma-si-thi, Amen.Wir preisen dich,oHerr! Ma-si-thi, Amen.Wir preisen dich,o

Masithi! Das große Amen aus der Missa Zimbabwe wurde zu einem der Erkennungsstücke von den Zeiten der Väterband an. Charlys Solo mit Percussion ist berühmt.

14

Plötzlich tauchten in der ganzen Großgemeinde musikalische Leute auf, jüngere und ältere, die sich angezogen fühlten durch den Stil des Musizierens und den freundlichen Umgang der Chormitglieder aus verschiedenen Generationen.

Im Dorf kamen wir nicht sofort gut an. Nicht alle Mitbürger und Pfarrgemeindemitglieder waren uns wohl gesonnen. Manche hielten uns für elitär, das Spottwort vom *Schmusechor* ging um. Denn die Beziehung zueinander und das Interesse aneinander gehören zur Substanz unserer Arbeit. Wir umarmen uns häufig und gerne bei Begrüßung und Abschied. Diese familiäre Beziehung der Chormitglieder mag auch ein Grund sein für unsere Ausstrahlung, die auf das Publikum regelmäßig übergeht. Memmelsdorfs Neubürger, Lehrer, Angestellte, Beamte, teilweise Nachbarn in den Memmelsdorfer Neubaugebieten hatten damit weniger Probleme und waren bald treue Fans, gemeinsam mit Eltern, Freunden und Ehepartnern der Musikerinnen und Musiker.

Niemals hatte INSPIRATION vor, in Konkurrenz zu ehrwürdigen Institutionen wie dem Liederkranz zu treten. Mit diesem verbindet uns ein herzliches Verhältnis.

◀   Das Open Air – Fest

1989 organisierten wir ein Open Air Festival im Kirchhof. Bevor wir ein Plakat anfertigten, wurde uns bewusst, dass wir erst einen Namen brauchen. Wir ließen uns inspirieren und nannten uns INSPIRATION. Es sollte offen sein, ob man uns Inspiräischn oder Inspiration nennt.

Am 7. Juni, dem Tag des Open Air, regnete es in ganz Oberfranken in Strömen. Auf unserem Kirchhof fiel kein Tropfen. Die Wolken stauten sich vor dem Dorf. Das betrachteten wir als ein deutliches Zeichen *von oben*. Das Festival war ein großer Erfolg, vor allem, weil sich verschiedenste Personen und Gruppen der Gemeinde beteiligten. Damen der Frauen-Union besorgten das Catering, Firma Höfer stellte uns die komplette PA (Gesangsanlage), Mesner und Pfarrer sowie mehrere Musikgruppen wirkten mit.

Trotz intensiver Bemühung um ein Dirigat war es Gabriele nicht mehr möglich, den wildgewordenen ekstatischen Klangkörper von INSPIRATION zu bremsen. So geriet auch das Publikum in Bewegung und der gesamte Pfarrhof wogte in Tanzwellen.

1. OPEN AIR FESTIVAL in Memmelsdorf 1989

17

◀ Das Schlüsselerlebnis

Im September 1989 war INSPIRATION nach Dringenberg bei Paderborn eingeladen worden. Dr. Ignatzi, zuvor
als Doktorand der Liturgiewissenschaft aushilfsweise in der
Seelsorge in Memmelsdorf im Einsatz, war und ist noch heute
ein Freund und Förderer der INSPIRATION. Wir sollten in
dessen kleiner Kirche seinen Abschiedsgottesdienst mitgestalten. Dort packte uns während der Probenarbeit die Schönheit
des ostkirchlichen *Cheruvimi-Hymnus* so, dass wir beschlossen,
richtig gut zu werden, regelmäßig zu proben und erwählten
Gabriele zur künstlerischen Leiterin.

In Dringenberg, Westfalen. Unsere erste Tour als INSPIRATION.
Rechts mit H. J. Ignatzi.

Der Diakon von Dringenberg, ein herzlicher, querköp-
figer Westfale, hatte uns abends in seine *Ösige Seekuh* eingeladen. Das war ein zum Partyraum ausgebauter Bauwagen,
mit Piano darin. Es war ein sehr feuchter Abend mit ekstati-
scher Musikproduktion, die uns in alle Kulturen und Zeiten
führte, die uns zur Verfügung standen. Spirituals, Jazz,
Rockklassiker, nichts fehlte. Dem feierlichen Beschluss zu
Disziplin und Probenarbeit folgte also sogleich der chaotische
Aspekt unserer Musik und machte deutlich, dass er sich nicht
abschütteln lassen würde. Unser Entschluss wurde am darauf
folgenden Sonntagmorgen sogleich aufs härteste auf die Pro-

11. CHERUBIM - HYMNUS

Die erste Zeile aus dem Cheruvimi-Hymnus, einem in kirchensla-
visch abgefassten Chorsatz der ostkirchlichen Liturgie

be gestellt: Wir waren übernächtigt, die Stimme war wegen
nächtlichen Grölens weg, wir verpatzten den Einsatz.

◖   Begegnung mit Israel

Unvergesslich für alle ist unser erster Abend mit is-
raelischem Programm am 9. März 1990 in Memmelsdorf. Gestaltet wurde er von Gabrieles früherer Band SINAI, Herrn
Pfreundner, einem Lehrer, der sich der Interpretation jiddischer Lieder gewidmet hatte und von INSPIRATION. *Schpil
sche mir a Lidele in Jiddisch – Begegnung mit Israel in Musik
und Tanz*. Eine Veranstaltung anlässlich der *Woche der Brüderlichkeit*. Es kamen viele Bürger der Gemeinde, Gäste aus
der israelitischen Kultusgemeinde in Bamberg, Verwandte und
Freunde. Der Pfarrsaal war bis auf den letzten Notstuhl besetzt, es war schwüle Luft und das Programm dauerte über
drei Stunden. Das Publikum war erschöpft, aber, wie man uns
mitteilte, begeistert und erfüllt. Aber wir lernten daraus,
dass ein Publikum auch nur begrenztes Fassungsvermögen hat
und gingen künftig sparsamer mit der Programmgestaltung
um.

Gleich zwei Mal traten wir 1990 mit unserem israelischen Programm auf: In der Israelitischen Kultusgemeinde in
Bamberg und in Bad Windsheim, ebenfalls mit SINAI zusammen.

Schpil sche mir a Lidele in Jiddisch

Begegnung mit Israel
in Wort, Musik, Tanz, Gespräch

Gemeinsame Veranstaltung der Pfarrgemeinde Memmelsdorf
und
der Israelitischen Kultusgemeinde Bamberg
zur Woche der Brüderlichkeit
Freitag, 9. März 1990, 20.00 Uhr Pfarrzentrum Memmelsdorf

In den folgenden Jahren organisierten wir für uns selbst einige Workshops auch mit jüdischen Musikern, um das *Feeling*, unsere Chorkultur und unser Verständnis des Jüdischen zu perfektionieren.

Seitdem hat INSPIRATION über vierzigmal in vielen Orten der Erzdiözese die musikalische Botschaft jüdischen Glaubens unter dem Thema *Begegnung mit Israel* lebendig werden lassen. Er trat in ehemaligen Synagogen auf wie in Memmelsdorf Unterfranken, in Coburg und Altenkunstadt. Sie wirkte mit bei einem gemeinsamen Symposion der Sacred Heart University, Field, Connecticut USA und der Universität Bamberg: *Jewish-Catholic-Lutheran-Dialogue.*

Unvergesslich ist eine Episode beim abendlichen Konzert von INSPIRATION zu dieser Veranstaltung, als ein sichtlich ermüdeter Rabbiner bei einem chassidischen Tanz-

Rabbi Dr. Dustzinksy mischte sich spontan unter den Bamberger „Inspiration-Choir" und sang das „Kol Nidrej", das Eingangslied zum Jom Kipur, dem Versöhnungstag der Juden.

stück plötzlich aufsprang und zu tanzen begann. Darnach sagte er: *So ist es richtig, wie ihr singt.*

INSPIRATION wirkte auch bei Eröffnungen jüdischer Ausstellungen in Bamberg und Coburg und bei Gottesdiensten in der Kultusgemeinde Bamberg mit.

◀   Zweimal im Dom zu Bamberg

1990 durften wir das erste Mal im Bamberger Dom auftreten: Bei Gabrieles Aussendungsfeier als Pastoralreferentin. Wir donnerten *Masithi* in das gotische Gewölbe, dass es Bischof und Gläubige aus den Stühlen hob.

Anlässlich der Feiern zum 50 jährigen Kriegsende waren wir noch eimal zur Mitgestaltung eingeladen. Wir sangen das *Ose Shalom*, das große Jüdische Friedensgebet und erstmals den 52. Psalm, eine Auftragskomposition von Franz Schubert für die Wiener Synagoge.

Beide Werke dürften erst mals im Dom zu Bamberg zu hören gewesen sein.

WER ODER WAS IST INSPI-RATION? STIMMEN (1)

Gabriele Netal-Backöfer, Chorleiterin

◀ Gabriele prägt nun seit 20 Jahren mit ihrem musikalischen Charisma den Chor, zuerst in ihrer Memmelsdorfer Zeit, dann nach ihrer Eheschließung von ihrem neuen Wohnort Lauf aus.

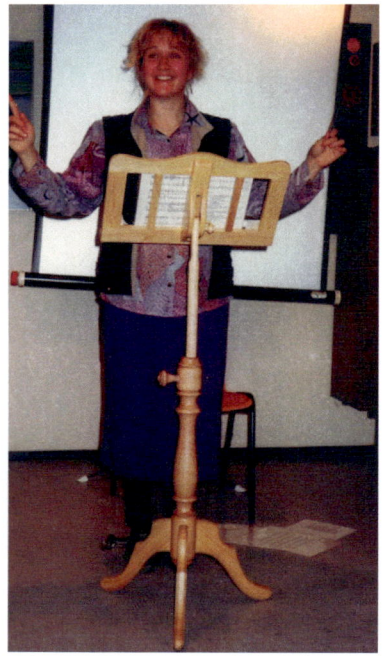

20 Jahre INSPIRATION! Ein aufregendes Datum. Viele Bilder, Gedanken und Erinnerungen ranken sich da herum. Ich weiß, dass ich, wenn ich über den Chor schreibe, auch über mich selbst schreibe, denn meine eigene Geschichte ist mit der von INSPIRATION eng verflochten.

Im Jahr 1988 als junge Gemeindereferentin in Memmelsdorf – anfangs noch etwas schüchtern und tastend – hatte ich doch bald den Eindruck: Hier leben Menschen, die es mir angetan haben, die mich magisch anziehen, mit denen ich Visionen teilen kann. Wie eine elektrische Spannung ist da etwas hin und her geflossen, gleiche Schwingungen, das unbestimmte Gefühl, zur richtigen Zeit an den richtigen Ort geraten zu sein, eine jugendliche Aufbruchsstimmung und dann die Musik, die uns mitgenommen hat und in der wir uns miteinander und beieinander beheimaten konnten.

Unsere ersten Singversuche und Auftritte haben in mir einfach nur Euphorie ausgelöst – Mashiti, Gottesdienste, Gospel-Open-Air. Ich bin wie auf Wolken geschwebt, habe eine ungeheure Energie gespürt, eine tiefe Verbindung zu Menschen, die ich eigentlich noch gar nicht lange kannte. Die

Musik, die ich seit dem Abitur völlig zur Seite gelegt hatte hat sich in meinem Leben wieder neu Bahn gebrochen - wie eine Urgewalt. Diesmal aber nicht unter dem Anspruch von Leistung und Perfektion sondern eher wie eine „göttliche Energie". Es war eine Art „musikalisches Pfingsterlebnis".

Bald war klar, dass ich in dem Chor eine Leitungsfunktion übernehmen würde. Ich hatte aber nicht die Rolle der „Alleinherrscherin" (es hat eh keiner drauf geachtet, was ich zusammendirigiere), sondern eher die einer „Hebamme" - um das ans Licht zu bringen, was in der Musik und unter uns geboren werden will.

Gabriele mit ihrer ersten Band SINAI. In den ersten Jahren trat INSPIRATION gelegentlich mit SINAI zusammen auf. Auch sie spielten vorzugsweise hebräische Tanzlieder

1989 begann die Beschäftigung mit der jüdischen Musik. War für eine Entdeckungsreise. Hatten die Gospels meine Begeisterung geweckt, die jüdische Musik ging viel tiefer. Sie berührte in mir Seelenschichten, von denen ich bisher nur eine blasse Ahnung gehabt hatte. Sind es meine

Prager Wurzeln, die mir diese östlichen Klänge so zutiefst vertraut erscheinen ließen? War es meine heißhungrige und aufregende Beschäftigung mit dem Alten Testament während des Studiums? Jedenfalls erschien es mir beim Entdecken dieser Lieder, als käme ich heim in eine Welt, die mir vertraut ist und in der meine Seele aufgeht.

Dass ich in diesen Jahren mit Vera und Heiner Olmer zwei mal in Israel war, vertiefte meine Bezug zu vielen Liedern und der „jüdischen Seele", die aus ihnen spricht. Und als es dann noch in den folgenden Jahren den absoluten „Run" auf unser jüdisches Konzertprogramm gab, gewann ich den Eindruck, an einer großen und wichtigen Botschaft dran zu sein.

In Memmelsdorf waren wir so etwas wie eine große Lebensgemeinschaft von Jungen und Alten, Männern und Frauen – irgendwie wie in biblischen Zeiten! Und ich hatte einen Platz darin! Es war eine wunderschöne Zeit für mich, in der ich mich selbst entdecken und viel Nähe erfahren durfte! Allerdings hatten wir damals auch keine Garantie, dass es uns im nächsten Jahr noch geben würde.

INSPIRATION war in den ersten Jahren etwas ganz zerbrechliches und flüchtiges – und ich sehe es als großes Geschenk, dass sich diese „erste Liebe" immer wieder erneuert und nun schon ein halbes Leben lang getragen hat.

Bei unserem ersten jüdischen Abend trat Karlheinz in mein Leben und irgendwann war klar, dass wir unseren Weg zusammen weitergehen würden.

„DER CHOR SOL OHÄBIDEI[1] SINGEN UND DAS BRAUTPAR SOL TANTSEN" schrieb der kleine Nils Pelikan an unserer Hochzeit im Juni 1992 auf einen Zettel und hat Karlheinz und mir damit einen unvergesslichen Höhepunkt unseres gemeinsamen Festes geschenkt.

Im Herbst 1992 zog ich von Memmelsdorf nach Simonshofen und damit war das Ende von INSPIRATION für viele in greifbare Nähe gerückt. Aber nicht für mich!

Beim Hochzeitsgottesdienst Netal/Backöfer.
Sepp Kuffer dirigiert „das Volk"

Ich war wild entschlossen, am Chor festzuhalten – aller Vernunft zum Trotz. Und so fuhr ich erst allein, dann mit einem Baby, dann mit zwei Kindern zu Proben zu Konzerten und Chorwochenenden, wo Lisa (Dippold) sie mir abnahm und nur zwischendurch zum Stillen wieder brachte – oder ich

---

[1] Oh, happy Day. Nils war der damals noch kleine Sohn von Elli und Charly Pelikan und jüngster Fan. Wir konnten ihm keine Bitte abschlagen

ließ sie bei Karlheinz, der in dieser Zeit verständlicherweise nicht immer gut auf den Chor zu sprechen war.

Oft war es nach der Probe spät oder das Wetter war schlecht – und nachdem ich keine gute Autofahrerin bin, wurden diese Fahrten oft genug ein Horrortrip. Schmerzlich war es manchmal auch für mich, zu erleben, wie viel ich einsetzen musste, um die Probenarbeit aufrecht zu halten und wie unverbindlich manche andere mit den gemeinsamen Absprachen umgingen.

Im Nachhinein weiß ich, dass ich in diesen Jahren oft weit über die Grenze meiner Kraft hinausgegangen bin, um die Chorarbeit weiterzuführen, aber ich konnte und wollte INSPIRATION einfach nicht aufgeben. Zu kostbar waren mir all die Kontakte, zu wertvoll das gemeinsame Musizieren, die oft tief bewegenden Konzerte.

Erst viele Jahre später – eigentlich bei der Ehrung durch Dr. Löbl – habe ich für mich die klare Bestätigung bekommen: es war richtig, am Chor festzuhalten.

Es haben sich in all den Jahren wichtige Dinge ereignet und durch INSPIRATION ist die Welt „irgendwie reicher geworden" (oder wie auch immer man das ausdrücken mag!) und dazu konnte ich meinen Teil beitragen. Manchmal habe ich gespürt: der Chor ist so etwas wie mein erstes Kind – es gibt irgendwie keine Alternative, als daran festzuhalten.

Meine anderen zwei Kinder haben es zunehmend genossen: Sie waren gerne bei Proben dabei, waren bei Konzerten immer die besten Fans, haben es geliebt, am Schluss die Körbchen zu halten und mit Charme und Hartnäckigkeit das Geld für uns einzutreiben. Und dann erst die Chorwochenenden: Ein Eldorado für Kinder, mit langen Gängen zum Fangen - Spielen, einem eigenen, freien Leben fern ab vom Treiben der Erwachsenen, Fußball am Bolzplatz und Nächte im Klosterkeller, wo sie die letzten Jahre immer für das Ambiente sorgten.

Irgendwann waren dann auch die einsamen Fahrten

zum Chor zu Ende, Karlheinz, Petra und Martina stiegen mit ein ins Boot und nun ist es eine vergnügliche Sache vor und nach den Proben noch eine Stunde zum Ratschen zu haben!

Chorleiter sind ja im allgemeinen Menschen mit der Ausstrahlung, alles im Griff zu haben.

Nicht so bei mir! Meine Schwächen in Bezug auf Organisation und Management wurde schon bald offensichtlich. Und so wurden mir sanft und fast unmerklich alle wichtigen Kompetenzen aus der Hand genommen:

Erst die Verwaltung der Noten, dann die Finanzen, die Terminplanung und die Außenkontakte, die Programmgestaltung, die Bereithaltung des Notenständers und der Stimmgabel - für alles fanden sich Menschen, die das viel besser machen, als ich!

Und als dann Angela noch das Einsingen übernommen hatte, blieb nur noch das übrig, was ich wirklich kann! Das Dirigieren und Gestalten! Dabei bin ich aber nicht so autoritär, wie ich

Einfälle zur Chaosforschung

oder   Das Irrationale in und um Gabriele

Alles Chaotische ist nur ein Gleichnis
in Gabriele ward's zum Ereignis.
Aus Chaos sprudelt neues Leben
dieses Wissen hat uns Gabriele gegeben.

Kleiner Spottgesang auf Gabrieles chaotisches Element vo Erwin.

manchmal tue: Zugegeben, es macht mir schon manchmal Spaß, den Alt als träge Masse zu bezeichnen, die Männerstimmen als „Gesangsverein" zu beschimpfen und den Sopran wiederholt in eisige Höhen zu schicken. Aber ich tue es (meist) nicht aus Bosheit, es dient einfach dem Ziel der Sache näher zu kommen.

Beim Dirigieren sind meine Präsenz und viele meiner Sinne aufs äußerste gefordert:

29

Ich möchte darauf hören, was das Stück mir sagen will, ich höre hinein in den Chorklang, nehme Anregungen daraus auf und versuche die eigentliche Gestalt des Klangs zu finden, und schließlich versuche ich auch im Kontakt mit mir zu bleiben: bei welcher Art der Interpretation geht mir das Herz auf? Wann habe ich den Eindruck: Nun ist es stimmig, nun haben wir die Schwingung gefunden, die uns untereinander und mit dem Stück verbindet?

Und dann gibt es natürlich auch „pädagogische Aspekte" - zum Beispiel vor Konzerten: Wie muss ich „schimpfen", um das Beste rauszuholen, aber nicht zu entmutigen? Wie kann ich das Gefühl vermitteln, es wird schon alles klappen - auch wenn die Chancen höchstens sechzig zu vierzig stehen? Wann höre ich auf zu üben, um das eigentliche Ereignis dem Konzert zu überlassen? Viele kleine Entscheidungen, die immer mitlaufen – und ihr lieben Sänger wisst am Besten, wann ich mit meinen Entscheidungen den richtigen Ton getroffen habe - oder daneben lag.

Dass ich als Dirigentin nicht unersetzbar bin, haben mir die vielen Episoden gezeigt, in denen ich über längere Zeit nicht dabei sein konnte. Gott sei Dank sind andere beigesprungen und der Chor hat es überlebt!

Aber natürlich tut es mir schon gut, zu hören, dass ich immer noch eine wichtige Rolle in dem ganzen Organismus habe und dass es für den Chor gut ist, dass ich wieder dabei bin. Alles in allem ist es eine echt lustvolle Rolle, Inspiration dirigieren zu dürfen.

Wir sind ein eingespieltes Team und gehen in sensibelsten Schwingungen miteinander um. Dass unsere Beziehungen aber nicht leicht zu zerbrechen sind, das haben die 20 Jahre erwiesen. Oft komme ich aus der Probe heim und denke mir: So viele spannende und interessante Menschen sind da viele spannende und interessante Menschen sind da beieinander! Auch viele, die später dazu gekommen sind, passen einfach rein und tragen diesen gemeinsamen Geist mit und weiter!

Und so erleben wir nun schon seit 20 Jahren immer wieder gute Momente miteinander:

Das gemeinsame Singen in den Proben, das intensive Sprechen (wenn wir Zeit dazu haben), Konzerte, die uns berührt und beglückt zurücklassen. Lustige, skurrile und spirituelle Momente miteinander und mit anderen Menschen.

Für mich ist das eines der Geschenke, die mein Leben für mich bereitgehalten hat. Ich finde, auf so was hat man kein Anrecht, es ist irgendwie eine „Dreingabe".

Dafür bin ich wirklich dankbar – und gespannt, wie lange es uns noch geben wird!

INSPIRATION und ihre Kinder. Bei Proben, Chorwochenenden und selbst während Auftritten waren immer Kinder präsent. Sie gehörten dazu, denn sonst hätten die Mütter fehlen müssen.

Erwin und Ruthild Burkard

◀   20 Jahre Inspiration – eine wunderbare Wegstrecke in unserem Leben.

Die Erinnerungen sind übervoll, wir könnten lange davon berichten. Die Statistik ist genau so reichhaltig und birgt Erinnerungen. Über fünfzig Mal haben wir in Konzerten gesungen an vielen Orten zwischen Nürnberg und Kronach, Hammelburg und Hersbruck (Titel: Lieder des Lebens, von Engeln und Menschen, Flügel der Morgenröte, Musik zwischen Himmel und Erde). Bald fünfzig Mal haben wir LIEDER AUS DER JÜDISCHEN Welt gesungen und in den hebräischen und jiddischen Gesängen eine Ahnung vom Judentum bekommen (Begegnung mit Israel, Begegnung mit jüdischer Musik, ..und Mirjam tanzt, der Frieden stiftet in den Himmelshöhen). Ebenso oft haben wir in Gottesdiensten gesungen zwischen Bamberg und Nürnberg. Wir sind aufgetreten bei Kongressen in der Universität Bamberg und in der Konzerthalle, wir sind auch manchmal weit gefahren, nämlich nach Flossenbürg in der Oberpfalz, nach München, zweimal nach Dringenberg bei Paderborn und nach Seehausen in der Altmark. Wir haben mitgewirkt bei religiösen Feierstunden, wobei besonders zu erwähnen ist die Teilnahme an der Gedenkfeier im Bamberger Dom "Fünfzig Jahre Kriegsende", in der wir' das uralte hebräische Friedensgebet "Ose shalom", das Jesus schon gebetet hatte, sangen. Der Rahmen der Auftritte ließe sich noch erweitern, genannt sei nur noch das oftmalige Auftreten vor der Martinskirche an einem Samstag im Advent. Zu einem festen "Ritual" wurde das jährliche Chorwochenende im Kloster Schwarzenberg, wo wir uns bald "wie zu Hause" fühlten und dort auch beim Schwarzenbergtag und beim Passionsspiel mitwirkten.

Im ganzen ein buntes Bild, getreu dem Motto: Musik

Unverzichtbar waren Erwin Burkards Infoschreiben, auf seiner Schreibmaschine gehackt und abgezogen. Unser erstes Chorwochenende auf Kloster Schwarzenberg, noch sehr im improvisierten oder franziskanischen Adventure-Stil.

```
    Inspiration  -  Info

1. Chorwochenende in Kloster Schwarzenberg  vom 19. - 21.10.1990
   Unterkunft: Haus Poverello, direkt neben dem Kloster
             - Schlafsack, Luftmatratze oder andere Unterlage mit=
               nehmen; im Haus gibt es sieben überzogene Betten.
               Küche vorhanden, Abendessen für Freitagabend mitneh=
               men, ab Samstag bis Sonntagmittag Verpflegung durch
               die Klosterküche.
               Übernachtungskosten durch Gottesdienstgestaltung am
               Sonntag abgegolten (Spenden möglich).
               Die Verpflegungskosten übernimmt vorerst die (schmale)
               Chorkasse. Es wurde der Vorschlag gemacht, daß jede/je=
               der nach seinen Möglichkeiten einen Beitrag zu den
               Verpflegungskosten leistet.
               Bis jetzt hat jeder/jede PKW-Fahrer/in auf Benzinko=
               stenerstattung verzichtet (Bad Windsheim,Nürnberg);
               auch das müßte noch geklärt werden.
```

ist der Himmelswagen, der Chariot, der uns überall hinträgt und uns und die Menschen berührt. Eine wunderbare Wegstrecke unseres Lebens ist uns geschenkt worden. Wir haben Krisen bewältigen können und haben bei aller Verschiedenheit der Einzelnen Nähe und Gemeinsamkeit erfahren. Wir sind dankbar, dass Einzelne es auf sich nehmen, viele Kilometer zu den Proben zu fahren und dass Einzelne selbstlos dazu beitragen, dass es weiterläuft. Wir erleben die Freude, zusammen zu gehören und eine Botschaft verkündigen zu dürfen. Wenn wir das ins Älter= und Altwerden mitnehmen können, ist das ein wunderbares Geschenk, für das wir dankbar sind.

HÖRT!

Hört Ihr nicht die Lieder um Euch her?
Hört! Ihre Worte rauschen wie ein Meer.
Lieder kommen, Lieder gehen.
Von dem Liedertreiben wird nur eines bleiben:

Singt das Lied der Lieder von dem Herrn der Herren,
gebt Ihm Eure schönsten Melodien!
Singt es immer wieder, singt es ihm zu Ehren.
Gebt das Beste was Ihr habt für ihn!

SINGT!

Singt es mit dem Wind, solang es geht!
Singt es auch noch, wenn der Wind sich dreht.
Lasst die Herren dieser Welt
euch doch niemals zwingen nur für sie zu singen.

Singt das Lied der Lieder von dem Herrn der Herren,
gebt Ihm Eure schönsten Melodien!
Singt es immer wieder, singt es ihm zu Ehren.
Gebt das Beste was Ihr habt für ihn!

Aus einem Lied von Manfred Siebald.

Karin Leisner

◀ Mit ihrer Schwester Birgit und etwas später Bruder Michael gehörte sie zu den ersten Mitgliedern, noch zu Zeiten der „erweiterten Väterband". Stete und zuverlässige Stütze des Soprans.

Es müsste nach den Kartagen im Jahre **1987** (oder doch erst 1988?) gewesen sein: Als Tochter des Schola-Leiters Konrad Silberhorn durfte ich – ebenso wie Lissi Reichart - in der Männerschola die Kartage (da keine Orgel!) mitgestalten. Danach wurden wir gefragt, ob wir denn Lust hätten, die legendäre „Väterband" beim Kinder-Gottesdienst (Erstkommunion?) gesanglich zu unterstützen. Der Spaß am gemeinsamen Musizieren und Singen hat uns dann irgendwie wohl zum Weitermachen bewogen. Die Gen Rosso – Messe sollte eingeübt werden. Also suchten wir nach noch ein paar  Sängerinnen und Sängern und wurden fündig in Familie (meine Schwester Birgit Silberhorn), Nachbarschaft (Tanja), Memmelsdorfer Organisten (Michael Arnold), in der Gemeinde (Gertraud) und sogar unter Klassenkameraden (Gisela) - genau weiß ich leider nicht mehr, wer da schon alles dabei war ...!

Der Erfolg in Memmelsdorf und weiteren Kirchen der Umgebung (z.B. Gundelsheim, Giech ...) spornte uns an. Die Masithi-Messe folgte, der Chor und nicht zu vergessen die Unterstützung in der Pfarrgemeinde wuchs. Den Rest kennt man/frau ja.

Für mich war und ist es immer wieder eine Freude, zu singen und nicht nur meine Zeit, sondern auch die anderer musikalisch zu bereichern. Dass ausgerechnet INSPIRATION sozusagen zu meiner musikalischen Heimat geworden ist, liegt wohl am Chor selbst, also an uns allen! Die gemeinsame Arbeit an schwieriger, herausfordernder Chorliteratur, aber auch das gemeinsame „einfach Musizieren und Beisammensein" insbesondere zu Festen in der „Chorfamilie" – kurz das „Miteinander-Füreinander" im Chor. Zum Glück stellte sich mir nie die Frage: „INSPIRATION ja oder nein?" Irgendwie klappte es immer und ging weiter...

Ein ganz besonderes Erlebnis war für mich natürlich INSPIRATION im Jahre 1994 – an meiner Hochzeit mit Werner: Für die erste Überraschung sorgte der von Karlheinz geschriebene Satz zu „Ich hebe meine Augen auf zu den Bergen", die zweite Überraschung sollte die Einlage am

INSPIRATION auf dem Olymp

Abend der Feier werden: INSPIRATION auf dem Olymp. Der etwa einstündige Auftritt der INSPIRATION-Götter und -Göttinnen war noch Jahre danach bei unseren Gästen in bester Erinnerung.

DAS PROGRAMM

Es gibt vier Sorten von Programmen.

◀   Das jüdische Programm.

Diese Konzerte waren überschrieben mit: „Begegnung mit Israel"; „Begegnung mit jüdischer Musik"; „Der Frieden stiftet in seinen Himmelshöhen"; „Chaj! Lebe!"; „Freylekh zain" (jiddisch „Fröhlich sein!") usw. Sie sind meistens unterteilt in Abschnitte, die jüdisches Leben in Vergangenheit und Gegenwart und die Schicksale jüdischer Lebenswirklichkeit hörbar machen: „Humor und Heiligkeit im Schtetl"; Verfolgung und Verzweiflung"; „Leben und lieben"; „Chaj, Israel Chaj"
Dieses Programm ist wohl das prominenteste. Es verleiht uns eine einzigartige Stellung mit seiner Mischung aus Tonsätzen zu traditionellen osteuropäischen Nigunim (chassidische Tanzstücke ohne Worte), Klezmermusikeinlagen durch Solisten (eine zeitlang nannten wir diese Gruppe Inspiration-Klezmers, woraus dann die MAZEL DIK BAND wurde), jiddischen Liedern, solistisch gesungen und von verschiedenen Instrumenten begleitet und neuerer hebräischer Chorliteratur verschiedenen Ursprungs.

◀   Das interkulturelle Programm.

Das Anliegen von INSPIRATION ist die Vermittlung einer Botschaft. Das heißt, die Musik wird nicht nur um ihrer selbst willen dargeboten, sondern sie soll die gemeinsamen Anliegen der Menschheit rund um den Globus zum Ausdruck bringen, ihre Freude, ihre Not und Verzweiflung, ihre Ausgelassenheit bei Festen, ihre Spiritualität und ihre Suche nach Wahrheit. Früher häufig „LIEDER DES LEBENS", neuerdings stellen wir das Programm unter ein Psalmwort oder ein anderes Schriftwort, das uns Titel für die Sinnzusammenhänge der Musik verschiedener ethnischer und religiöser Kulturen liefert, z.B.: Konzert „Flügel der Morgenröte" (Bad Windsheim

2007) Abschnitte: „Steige ich hinauf in den Himmel, so bist DU dort ...“; „Bette ich mich in die Unterwelt, so bist Du zugegen ...“; „Ob ich gehe oder rufe, es ist Dir bekannt ...“; „Du bist vertraut mit allen meinen Wegen ...“; „Du umschließt mich von allen Seiten ...“; „...und legst Deine Hand auf mich.“

Dieser Vers aus dem Psalm 139 stellt mehrere Aspekte menschlichen Lebens in der Beziehung zu Gott dar, denen die Musik zugeordnet werden kann. Er macht eine Bewegung deutlich, die das Verhältnis des Menschen zu Gott und zum eigenen Leben widerspiegelt, von Gott weg und zu ihm hin. Von tiefer Verzweiflung und Not des auf sich selbst geworfenen Menschen bis zu seliger geistlicher Entrücktheit des Heiligen, zu Spiel und Tanz einer unbeschwerten Gesellschaft, kindlicher Freude an Liebe, Essen, Trinken und Singen, das alles ist menschliche Welt, die sich in der Musik ausdrückt. Der Mensch findet sich wieder gegenüber seinem Schöpfer der „alles sehr gut gemacht hat“, aber auch als Mensch, der sich aus der Umklammerung seines Gottesbildes befreit hat und das Drama seiner gott-losen Existenz lösen muss: Sei es durch Rückkehr zum Glauben oder indem er zum lebenslangen Suchen verurteilt ist.

Die Dimensionen ohne moralische, weltanschauliche oder religiöse Wertung zum Klingen zu bringen und dabei auch noch schöne Musik zu machen: Das ist das Anliegen der „Lieder des Lebens“

◀ Mitwirkung bei Feiern und Gottesdiensten

Hierbei sind wir demütige Dienstleister, bringen aber durchaus auch eigene Impulse ein, wenn erwünscht. Anliegen sind uns hier vor allem Christlich-jüdische Verständigung, Ökumene, interkulturelle Friedensbemühungen, Kinder und Jugend.

◀ Musikalische Selbstpflege

Die drückt sich vor allem in Chorwochenenden, Probentagen, Chorwanderungen und Festen aus. Davon gibt es, das ist ein-

hellige Meinung, zu wenig. Aber hier ist Musik reiner Selbstzweck. Singen ohne Noten in fortschrei-tender Ekstase. Wer sich in den Reihen der Eingeweihten aufhält, kann Zeuge noch nie gehörter und niemals mehr zu hörender Impro-visationen, kabarettistischer Glanzstücke und absurden Witzes werden. Leider sprüht INSPIRA-TION mit zunehmendem Alter weniger, man räumt mittlerweile der Disziplin das Feld. Es ist ein wenig schade, denn das waren Stunden reiner Kreativität und Lust, aber wohl unabwendbar.

Songs und Improvisation zur Selbstpflege.

◀ Aprés-ludes:

Wunderbar ist das Essen und Trinken nach dem Auftritt. Die Gage ist meist nicht üp-pig, das gesammelte Spen-dengeld wird auch schon mal mit dem Veranstalter ehrlich geteilt. Aber ein anschlie-ßendes Gelage gemeinsam mit Veranstalter und Menschen aus dem Publikum: Darüber

INSPIRATION bei Sepps 60. Geburtstag

freut sich INSPIRATION immer sehr. Dabei kommt es häufig zu interessanten und schönen Begegnungen.

STIMMEN (2)

Barbara Gahlau

◀ Gabrieles Nachfolgerin als Gemeindereferentin. Auch sie Musikerin. War es nicht Ehrensache, bei INSPIRATION mitzumachen? Doch so einfach ging's nicht.

"Komm doch mal vorbei und sing mit!", sagte Gabriele, als sie mich mal wieder am Probenraum vorbei schleichen sah. Sie war jetzt hier in Memmelsdorf die Chorleiterin der INSPIRATION, ich ihre Nachfolgerin als Gemeindereferentin.

Na ja, Lust hatte ich ja schon zum Mitsingen, aber laut Hörensagen hatte der Chor ein umfangreiches und schwieriges Repertoire...

Nach weiteren Ermutigungen von Chormitgliedern wagte ich es dann doch mal zu einer Probe - es waren schon länger keine "Neuen" mehr zum Chor gestoßen. Das Ergebnis: ich setzte mich zu Hause vors Klavier und paukte "Radhalaila" in Noten und Text!

Das erste Stück, das ich richtig von Anfang an mitbekam, war der Birchas[2]. Da mussten alle üben! Und viele Stücke lernte ich eigentlich gar nicht, ich sang sie einfach mit.

Das erste Konzert, an das ich mich erinnere, war in

---

[2] Birchas Kohanim, eine hebräische Vertonung des Aaronitischen Segens

Mitwitz. Irgendwie hatte ich ein paar Stücke vor diesem Konzert noch nie gesungen und übte mich im Playback-Singen. Doch wem ging das am Anfang nicht so?

Zwischendrin musste ich immer mal pausieren: meine Zeit in München, David und Ester und die mit kleinen Kindern verbundenen Einschränkungen, auch Zeiten, in denen einfach nichts ging.

Doch jetzt geht es wieder und ich möchte mein Hobby "Chor" nicht missen. Hoffentlich bleibt es noch lange so!

Die Chorwochenenden im Kloster Schwarzenberg bei Scheinfeld: Richtig Arbeit. Aber auch Communio und Ekstase, Annährung und Begeisterung

Lisa Dippold

INSPIRATION ist für mich

◀ Menschen, die ich vermisse, wenn ich sie länger nicht gesehen habe

◀ Musik, die ich mag

◀ Anstrengende Proben und Konzerte

◀ Ein Kontrast zu meinem übrigen Leben

1989 bin ich nach Memmelsdorf gezogen, wo ich dann bis 1998 wohnte. Im ersten Jahr in Memmelsdorf hatte ich hier wenig Kontakt. Auf der Suche nach Anschluss bin ich im im Herbst 1990 über eine Meldung im Mitteilungsblatt auf einen Bibelkreis der Pfarrei gestoßen. Immer pünktlich, wie ich zu der Zeit war, bin ich kurz vor 20 Uhr am genannten Termin zum Pfarrzentrum gewandert. Fehlanzeige - keiner war zu sehen! Als ich schon wieder gehen wollte, lief mir der Pfarrer über den Weg, der mir mitteilte, dass ich schon richtig wäre. Ich sollte nur noch etwas warten, dann käme schon jemand, wie es dann auch geschah (Etwas was mich später an INSPIRATION schon manchmal verzweifeln ließ!). Leiterin des Bibelkreises war die damalige Gemeindeassistentin Gabriele Netal.

So im Nov. 1990 war dann an einem Freitagabend, im Rahmen einer Gemeindemission in Vorbereitung auf die 600-Jahr-Feier der Pfarrei Memmelsdorf, ein Begegnungsabend angesagt, an dem alle möglichen Gruppierungen der Gemeinde beteiligt waren. Platz gefunden habe ich, an einem Tisch, an dem Helga saß und Karin - die ich damals noch nicht kannte - mit ihrem Clan. An diesem Abend habe ich auch zum ersten Mal INSPIRATION in Aktion erlebt, ohne dass ich deren Auftritt damals eine bleibende Erinnerung hätte. Über den Bibelkreis und Gabriele bin ich dann auch bei einigen Aktivitäten der Pfarrjugend in der Zeit gelandet. Auch hier traf ich auf mehrere Mitglieder von INSPIRATION, von denen bis auf Karin, heute keiner/keine mehr dabei ist.

In Erinnerung ist mir der darauffolgende Osternachtsgottesdienst, den INSPIRATION mitgestaltete: Für mich war es ein richtiges Ostererlebnis, was ich bis dahin nicht kannte.

In der Folgezeit war ich meist da, wo auch INSPIRATION war, ob in Memmelsdorf oder auswärts, zumindest bei den eintägigen Sachen.

Abgesehen davon, gab es viele Kreuz- und Querverbindungen während meiner Memmelsdorfer Zeit: Weiterhin den Bibelkreis mit Gabriele und Erwin, die Betreuung des Getränkestands am 2. Open-Air von Inspiration mit Pfarrjugendlichen, Radtouren und anderes mit der Pfarrjugend, Wanderungen und andere Unternehmungen mit Karin und ihrem Clan (was darin mündete, dass ich später ihre Trauzeugin sein durfte), Hardl's VHS-Gitarrekurs, den auch Vera öfters mal als Vertreterin leitete, Kontakte zu und über Ralf und Susanne Netal, die Gestaltung von Wortgottesdiensten mit Seppi Kuffer und Erwin Burkard. Auch wenn das meiste davon nicht mehr ist oder nicht mehr in dieser Form: INSPIRATION-Leute waren an vielem beteiligt, was mich mal inspirierte und weiterbrachte.

Ich durfte wie selbstverständlich dabei sein, auch wenn ich nicht mitgesungen habe. Ab welchem Zeitpunkt ich auch bei den Proben vorbeischaute, weiß ich nicht mehr. Ich stellte mir manchmal die Frage, wo ich denn jetzt hingeraten sei: Das Einsingen zu dieser Zeit hat mich doch sehr oft an das Aufwärmtraining aus meiner früheren Fußballzeit erinnert. Dehnübungen, Beugeübungen, Abklopfen, sich paarweise auf den Rücken nehmen und anderes kamen mir doch sehr bekannt vor.

Mit der Zeit wurde es mir zu wenig, einfach nur da zu sein. Mitsingen erschien mir allerdings nach wie vor zu schwierig. Ein Betätigungsfeld, das mir sinnvoll erschien, hat sich mir nach der Geburt von Gabrieles und Karlheinz's Sohn Jonas aufgetan (Gabriele hatte ich einige Male nach ihrem Wegzug und während der Schwangerschaft in Dehnberg besucht, ein Stück Freundschaft war gewachsen). Ich habe mich angeboten, ihn während der Proben und bei Konzerten zu betreuen, damit Gabriele weiterhin als Leiterin dabei sein konnte. In den folgenden Jahren war ich bei Choraktivitäten das „Kindermädchen" erst für Jonas, dann für Lioba, an Chorwochenenden hat sich die Kinderschar bis auf 8, 9 Kinder erweitert.

Dem Betreuungsalter waren Jonas und Lioba und auch die anderen Kinder bald entwachsen. Nun wagte ich doch mal den Versuch, mitzusingen. Mit Unterbrechungen bis heute, mal recht, mal schlecht. Dankbar bin ich Mechthild, Angela und den anderen aus dem „Alt", die mich doch immer wieder ein Stück mit durchschleppen. Stimmlich habe ich, seit ich Mitprobe und manchmal auch bei Auftritten mitmache, auf jeden Fall einiges dazu gewonnen.

Dazu gewonnen habe ich auch durch die Kontakte zu den Mitgliedern des Chores, die waren und die sind: Freundschaften, Begegnungen, viele gute Gespräche mit vielen interessanten Menschen.

Andrea Stapper

„Einfach nur singen" war der Grund, vor 12 Jahren bei IN-SPIRATION anzufangen. Verwirrt und überfordert von der Vielfalt der Lieder, unzähligen mir unbekannten Sprachen, schwierigen Arrangements, stundenlangen Proben habe ich erst langsam vor ein paar Jahren verstanden, was mich zum „Durchhalten" motiviert hat: Inspiration mit seiner offenen und spirituellen Atmosphäre hat für mich eine Tiefe im Alltag eröffnet, ja eine Saite in mir zum Klingen gebracht, die sich mir bisher nicht zeigte. Bewegt und berührt bin ich immer wieder von der Resonanz, die unsere Musik bei mir und den Zuhörenden zu erzeugen vermag.

Und so bin ich dankbar, Teil dieses besonderen Chores Inspiration zu sein, der im Klang und in der Musik so viel Weite und Verbindendes zum Ausdruck bringt und in mir und anderen anrührt. Dankbar bin ich auch für den Reichtum an Humor, Religiosität, Menschenfreundlichkeit, Musikalität und Weisheit bei den Inspirations, der den Chor für mich so wertvoll macht.

Marina Wenzel

Ich muss feststellen, dass ich nicht mehr genau weiß, wann im zum Chor gekommen bin. Mein ältester Terminplan ist von 1996.

Allerdings weiß ich noch 'wie': Nachdem ich 1990 ans Gymnasium gekommen war, musste ich meinen Gitarrenunterricht, den ich an der Grundschule angefangen hatte, an der VHS weiterführen und bin bei Hardl (Wiesneth) im Kurs gelandet. Dort hab ich auch Vera (Olmer) kennen gelernt.

Im Laufe des Kurses haben die beiden mir vorgeschlagen, doch mal zu einer Probe von INSPIRATION zu kommen. Da ich schon immer gerne gesungen habe, hat mich Vera dann auch bald zu einer Probe abgeholt. Somit bin ich doch schon über 13 Jahre beim Chor und damit schon fast mein halbes Leben.

Ganz besonders in Erinnerung geblieben ist mir aus der Vielzahl unserer Auftritte die Hochzeit von Claudia - da ich es leider geschafft habe, mitten im Gottesdienst ohnmächtig zu werden. Zum Glück ist nichts weiter passiert.

Und was ich auch noch erwähnen muss - auch wenn ich mich mal lustlos oder schlecht gelaunt zu der ein oder anderen Probe oder einem Auftritt gezwungen habe - das gemeinsame Musizieren ist immer eine Garantie danach gut gelaunt nach Hause zu kommen!

Daher ein fettes Dankeschön an alle Inspirations!

Angela Netal

◀ ist eine der beiden Schwestern der Chorleiterin Gabriele Netal-Backöfer. Sie hat mit ihren
ausgezeichneten stimmphysiologischen Kennt-
nissen die Stimmbildung des Chores übernommen.

Ich bin Mitglied seit ca. 5 Jahren. Kurz nach meinem Eintre-
ten berichtete mir Charly Pelikan folgende Anekdote: Ganz
am Anfang gab INSPIRATION
ein Open-Air-Konzert vor der
Lorenzkirche in Nürnberg. Ich
war als Geigerin dafür engagiert. Singend und tanzend zog
der ganze Chor durch die Kö-
nigsstraße zur Kirche.
Ich bin ehrlich: Mir war's
unglaublich peinlich, da ich
damals noch eine „ernsthafte
Musikerin" war. Ich habe dann
wohl gesagt: "Ihr seid ein ver-
rückter Haufen!" und so getan,
als gehöre ich nicht dazu
(wohlweislich habe ich das dann
später verdrängt).

Soweit der Eindruck,
den ich von früher mitgenommen
habe. Inzwischen bin ich selbst
vom Inspiration-Virus ergriffen
und unglaublich glücklich, dazu
zu gehören. Es spricht sehr für
Inspiration, seine offene und
achtsame Art, mich trotzdem
mit offenen Armen aufgenommen
zu haben.

Rechts Angela Netal, neben Schwester
Lici. Zusammen mit Gabriele bereichern sie
INSPIRATION um ein perfektes Streich-

47

Mechthild Burkard

◀ Urgestein der Inspiration. Notenmanagement. Sorgt dafür, dass alle immer aktuell mit Noten ausgestattet sind, organisiert Chorwochenenden und vieles andere.

Ein bisschen spinnert ....

Am 25. Oktober 1989 fand im Pfarrsaal in Memmelsdorf eine Veranstaltung zum Kathreinstag statt. An diesem Abend sollte auch der Chor „Inspiration" singen, dem meine Eltern seit ca. einem halben Jahr angehörten. Sie wussten, dass ich nach einem Chor suchte, aber nicht festgelegt sein wollte auf eine musikalische Richtung oder eine bestimmte Art von Liedern. So meinten sie, „Inspiration" sei auch etwas für mich. Ich kam nach Memmelsdorf und hörte mir den Chor an. Welche Lieder gesungen wurden, weiß ich nicht mehr. Dann plötzlich kurze Aufregung, Gabriele wurde auf ihren Sitzplatz am Tisch verbannt und Lies Reichart übernahm das Kommando. In schwarzem Käppi, mit weit ausholenden Bewegungen, dirigierte sie ein Ständchen für Gabriele, die an diesem Tag Geburtstag hatte. Wenn ich mich recht erinnere, war es das Lied „Veronika, der Lenz ist da". Nach den Chor-Darbietungen und dem Ständchen dachte ich so für mich: „Na ja, etwas spinnert, aber es gefällt mir, was dargeboten wurde, in den Chor werde ich gehen." Und so kam es auch.

Inzwischen nimmt der Chor einen wichtigen Platz in meinem Leben ein. Ich finde gut, dass wir so unterschiedliche Arten von Liedern singen. Natürlich habe ich meine Lieblingslieder; es gibt auch welche, die mir nicht so liegen. Aber

ohne den Chor hätte ich vieles überhaupt nicht kennen gelernt. Die Gemeinschaft mit den anderen, das gemeinsame
Ringen, die gemeinsame Anstrengung, auch der anfängliche
Frust, wenn bestimmte Töne, Intervalle oder Texte nicht
gelingen, die Freude, wenn dann endlich etwas klappt oder
man zumindest einen ersten Eindruck gewinnt, wie ein Stück
klingen könnte. Große Erlebnisse sind die Konzerte, wenn man
merkt, dass man den Zuhörern eine Freude macht, ihnen etwas mitgeben kann. Ab und zu habe ich dann das Gefühl, dem
Himmel ganz nahe zu sein (manchmal bei Auftritten in der
Kirche).

So hoffe ich, dass der Chor weiter bestehen wird
und noch vielen Menschen (Mitglie-dern wie Zuhörern) Freude
bereiten kann.

EIN PROBENABEND (DREI ELFCHEN)

Erschöpft
Hektik, Stress
die ganze Woche
ich will nur ausruh'n
denkste

Sofa?
Nach Memmelsdorf?
Verlässlichkeit ist angesagt
ich raffe mich auf
Probe

Erholt
Energie getankt
Lieder im Kopf
ich fühle mich wohl
danach

DIE WICHTIGEN RAND-ERSCHEINUNGEN

Erwin, der im Pfarramt anruft, um den Probenraum im Pfarrzentrum zu reservieren

Der Mesner Nikoleit und Pfarrer Güthlein, die dafür sorgen, dass offen und geheizt ist

Die Ehepartner, die wieder einen Abend auf uns verzichten müssen.

Mechthild, die nachsieht, welche Noten wir brauchen und welcher „Neue" welche alten Noten noch nicht hat.

Seppi, der die Programme macht und die Emails versendet und die Anlage organisiert.

Charly, der an seine Tschemben und Bongos denkt.

Werner Huder, der seine Profitechnik für Aufnahmen zur Vefügung stellt.

Günther, der den Kontrabass von Hardl besorgt.

Gabriele und Martina und Petra, Lici und Angela, die mehr als 120 km wegen einer Probe fahren.

Karin und die Kassenverwaltung.

Erwin und seine Sorgen.

Seppi, der das Akkordeon „schlaaft".

Der Rundruf bei entfernteren Auftritten, wer mit wem fährt. Die Busse von Charly, Karin Waldmann und Hardl. Die Batterien in den Kondensatormikrophonen. Die Organisation der Stärkung vor den Auftritten. Die Kinder und ihre Betreuung. Die Programme ausdrucken und verteilen. Die Vorbereitung des Dreikönigsmeetings. Das Protokoll. Die Presse.

STIMMEN (3)

Petra Licht

◀ Zusammen mit Gabriele und Karlheinz Netal-Backöfer und Martina Knodt gehört sie zu den treuen und unentwegten, die sie zu beinahe jeder Probe und jedem Konzert aus Lauf und Umgebung anreist.

Ich war mal in einem Konzert. Der Chor da vorne hat mir gefallen. Schöne Musik, gut gesungen, schöner Klang... und irgendwie anders als andere Chöre. Die Sänger und Sängerinnen wirken so, als hätten sie wirklich Spaß dabei und etwas miteinander zu tun, schauen sich gegenseitig an, lachen mal zwischendrin, bejubeln ihre eigenen Solisten. Jeder bewegt sich wie er möchte oder lässt es sein, nicht dieses gleichgeschaltete Gehampel, das mir immer so auf die Nerven geht (ich werde immer seekrank beim Zuschauen, wenn alle in eine Richtung schunkeln).

Ich habe schon lange Lust, wieder in einem Chor zu singen und fahre mit zu einer Probe. Nach etwa einer Stunde Gekurve durch die fränkische Pampa (oje, diesen Weg werde ich mir nie merken können) kommen wir an. Ich werde freundlich begrüßt und setze mich dazu. Dann das Einsingen. Die Frau, die das übernimmt, scheint ihren Job zu verstehen und wirkt so, als wolle sie wirklich etwas vermitteln. Leider verstehe ich erst mal nur wenig von dem, was sie meint. Ich soll ein "a" einatmen? Und Töne auf eine Wäscheleine hängen? Ich sehe mich etwas verwirrt in der Runde um, alle machen ernsthaft und konzentriert mit und scheinen zu wissen, was gemeint ist. Ich tue, was ich kann und versuche, mit meinem Hintern ein nicht vorhandenes Fass auszuwischen.

Dann die Probe. Oje, alles viel zu schnell für mich. Wie machen die das bloß? Einmal quer durch die Kontinente und Stilepochen, wie können die so schnell umschalten? Und all die Sprachen?! Nach jedem Lied kommt eine freundlich lächelnde Frau und gibt mir die neuen Noten. Sie wirkt so, als könne sie nichts aus der Ruhe bringen, schon gar nicht verwirrte Neue wie ich. Das beruhigt mich etwas. Am Ende der Probe zähle ich 8 Sprachen (von der Hälfte habe ich noch nie etwas gehört, was zum Beispiel ist Kirchen-Slavisch?) und bin ziemlich geschafft. "Entweder sind die verrückt oder genial (oder beides)" denke ich mir. Ist ja auch egal, irgendwie hat es mir gefallen, ich weiß selbst nicht genau, warum. Vielleicht diese einmalige Mischung aus Konzentration, Spaß, Chaos, Sensibilität, "gemeinsam-etwas-entstehen-lassen" und Anarchie. Und natürlich die Art, mit Musik umzugehen. Nicht das übliche „hier laut, da leise" sondern "diese Stelle wie aus weiter Ferne, aber nicht so nebulös sondern mit großer Klarheit und sehr leise". Nicht, dass ich wüsste, was gemeint ist, aber ich glaube, es könnte sich lohnen, es herauszufinden. Ich komme wieder.

Irgendwann das erste Konzert. Was für ein Chaos. Stellprobe- alles sieht aus wie Kraut und Rüben. Ich erobere mir einen der hinteren Plätze, um nicht so aufzufallen. Irgendwer soll die Anlage aufbauen und kommt zu spät. Kurzfristige Programmänderung mit Liedern, die ich noch nie gesehen habe (jetzt?! In 2 Stunden ist Konzert!). Zwei fangen eine Diskussion an, ob man bei der derzeitigen Lage im nahen Osten einige der Lieder überhaupt noch singen darf (fällt ihnen früh ein, in 1,5 Stunden ist Konzert!). Jemand kommt auf die Idee, die Ansagen zu verteilen, was irgendwie in Vergessenheit geraten war (Was?! Das machen die jetzt!? Konzert fängt doch in einer Stunde an!). Einer von den Männern drückt mir ein Instrument in die Hand (eine dieser Mini-Gitarren, die Indios immer in den Fußgängerzonen spielen) und sagt: "Bei diesem Lied spielst du mit, die Griffe weiß ich nicht, schau halt einfach auf meine Finger!" (sind die denn alle wahnsinnig?! Ich hab so ein Ding noch nie in der Hand gehabt, und gleich fängt das Konzert an!). Ich stiere wie ein hypnotisiertes Kaninchen auf seine Finger und tue, was ich kann. Das hat den Vorteil, dass ich nun keine Zeit mehr habe, weiter in Panik zu geraten. Und alle anderen sind sowieso die Ruhe selbst und scheinen das alles für normal zu halten. Wo nehmen die bloß diese Gelassenheit her?

Und dann das Konzert. Der völlige Kontrast zum Chaos davor. Kaum sind sie auf der Bühne, sind sie konzentriert, präsent und singen wunderschön. Mensch, was war ich blöd mit meiner Nervosität, völlig überflüssig. Und ich darf mittendrin stehen in diesem wunderbaren Klang. Das ist so schön... Da ist es mir schon fast egal, dass ich einige Lieder nicht kenne und ich ziemlich desorientiert auf der Bühne rum stehe bei dem Versuch, nicht allzu sehr im Weg zu sein, als am Schluss alle winkend von der Bühne laufen.

"Dass du jetzt ausgerechnet noch in Bamberg singen musst, hat uns gerade noch gefehlt!" stöhnt jemand aus meiner Familie, als sich Termine mal wieder nicht unter einen Hut bringen lassen.

"Stimmt" denke ich mir. Ganz genau so ein Chor wie Inspiration hat mir in meinem Leben noch gefehlt. Schön, dabei zu sein.

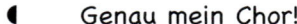

Irene Ummenhofer

◀   Genau mein Chor!

Endlich kein Kirchenchor, sondern einer, der hebräische und jiddische Lieder singt.

Genau mein Chor: in Israel habe ich als Volontärin im Kinderheim Hebräisch gelernt und wenn ich das jetzt auch noch beim Singen gebrauchen kann: wunderbar!

Ich schnippelte gleich den Zeitungsbericht über diesen Memmelsdorfer Chor aus. Es benötigte aber einige Detektivarbeit um INSPIRATION zu finden. Ich fragte Memmelsdorfer, las die Anschläge an der Pfarrkirche... nichts zu finden. Die Sekretärin vom Rathaus schließlich versprach sich für mich umzuhören und rief tatsächlich nach ein paar Tagen zurück: Es könnte sein, dass sie meinen Chor gefunden hätte, ich soll doch mal bei Erwin Burkard nachfragen. Das war – glaub ich – 2001.

Die ersten Proben waren voller schwieriger Lieder. Ich singe ja gern, aber singe ich eigentlich Alt oder Sopran? Wo steht denn meine Stimme auf dem Liedblatt? (Besonders liebe ich die handgeschriebenen Blätter!) Wo ist die „Fermate" und das „Da Capo al Fine"? Hilfe!!

Dann kam auch gleich das erste Konzert. Einige Lieder hatte ich noch nie gesehen und musste freundlich Mundbewegungen vortäuschen. Ich war sooo aufgeregt. Beim nächsten Konzert gab mir Vera eine private Stimmprobe, damit ich im Stadtarchiv mitsingen konnte. Wir waren so wenig Soprane, dass ich nicht „irgendwas daher singen" konnte. Ich war noch mehr aufgeregt!

Nach diesem stressigen Einstieg hatte ich echt Respekt vorm Chor und war wahrscheinlich die Einzige, die zu Hause Texte und Stimme übte, um immer zu wissen was ich singen soll.

Das hat sich natürlich gelegt, die Gelassenheit von INSPIRATION hat sich schnell auf mich übertragen. Ich freue mich auf des Singen bei den Freitagsproben und lass mich bei den Konzerten von der Begeisterung des Publikums mittragen. INSPIRATION ist für mich ein Ort um Energie zu tanken und Zeit mit tollen Menschen zu verbringen.

Immer wieder auch bei Auftritten dabei: Die kelinsten INSPIRATION-Mitglieder. Irene mit Sohn

Vera Olmer

◖ INSPIRATION verdankt ihren ersten Zugang zu jüdisch-israelischer Musik und Literatur zwei Quellen: Vera Olmer und Gabrieles früherer Band SINAI

Wir alle sind auf einem Weg – gleich einem unerirdischen Fluss, dem wir rückblickend nachspüren, den wir vorwärtsblickend erahnen, in dem wir uns im „Jetzt" beleben.

Eigentlich beginnt mein „singendes Leben" im Herbst 1987. Ich bin auf der Suche nach dem „Für mich selbst", nach dem Ausdruck meiner Seele. Kann deshalb der VHS-Englischkurs nicht fortgesetzt werden? Ein wenig enttäuscht trotte ich durch's alte Schulhaus, wo es nach abgelebtem Holz riecht und werde magisch von einer Türe angezogen, aus der sich Gitarrenklänge zwängen. Beim Öffnen leuchten mir zwei große braune Augen mit einem Willkommensgruß „'Kumm nä rei" entgegen. Hardl Wieseneths Zuspruch und das warme wohlklingende Holz in meinen Armen schaffen es, dass meine Stimme ihren Weg findet. Er ist es auch, der mich im Frühjahr 1989 zur Probe einer kleinen Gesangsgruppe mitnimmt, die sich INSPIRATION nennt. Man studiert gerade zwei hebräische Lieder ein und bittet mich, bei der Aussprache zu helfen.

Das Charisma dieses Augenblicks, der Klang von „Radhaleila" und „Shalom alejchem", Gabrieles herzliche und zugleich kompetente Ausstrahlung, das liebevolle Miteinander aller Anwesenden zeigen mir meinen Platz in diesem Himmelswagen.

Wieviele musikalische Highlights und wunderbare Begegnungen wir seither erlebten, habe ich nicht gezählt. Für mich persönlich waren es vor allem die Konzerte mit jüdischer Musik, allen voran unser erstes dieser Art am 9. März 1990, wo ich auch zum ersten Mal solistisch auftrat und wo Gesang und Tanz kein Ende nahmen.

Wir sind durch gemeinsame und persönliche Höhen und Tiefen gegangen und wir dachten so oft, es gäbe uns bald nicht mehr. Aber INSPIRATION trägt jeden von uns und jeder von uns trägt INSPIRATION, weil unser Weg kein Ende hat.

INSPIRATION CHAJ!

Over in the Gloryland plays a little Klezmer-Band. Die „Klezmer-Fraktion" in der alten Synagoge Memmelsdorf / Ufr.

Sepp Kuffer

◀ Gründervater der Vaterband, zusammen mit Charly Pelikan und Hardl Wiesneth.

Hier in Memmelsdorf wurde ich 1948 geboren und hier lebte ich mit meinen Eltern bis 1965. Nach dem Abitur in Schwabach studierte ich Malerei an der Kunstakademie in Nürnberg.

Meine erste Geschichte mit „spiritueller Musik" begann schon 1970. Im Geist der damaligen 68er Jahre gründete ich zusammen mit Freunden und Kommilitonen eine Landkommune mit dem Namen „LORD'S FAMILY", Familie des Herrn. Mit unserer musikalischen Botschaft wollten wir das Leben der Menschen verändern.

Nach zwei bewegten Jahren künstlerischer und musikalischer Aktivität fand ich zum Glauben an Jesus. Mein anschließender Zivildienst führte mich in die Krankenpflege.

Meine Frau und ich waren *Jesus People*, als wir 1975 wieder in meinen Heimatort Memmelsdorf zogen, weil ich in Bamberg die Ausbildung zum Krankenpfleger machte. Zunächst waren wir noch der evangelisch-freikirchlichen Gemeinde in Bamberg nahe gestanden und hatten dort mit jungen Leuten christliche Musik gemacht. Allmählich kehrten wir zurück in den „*Schoß der Kirche*", unserer konkreten katholischen Pfarrgemeinde. Es waren vor allem die Feiern, veranlasst durch unsere zwischenzeitlich vier Kinder: Kindergartengottesdienste, Schule, Erstkommunion, Firmung, die uns in das gemeindliche Leben hinein wachsen ließen, zusammen mit anderen gleichaltrigen Eltern und Kindern.

In diesen Jahren erlebte Memmelsdorf einen Aufbruch: Verjüngung des Pfarrgemeinderates, Einführung priesterloser Wortgottesdienste und regelmäßiger Familiengottesdienste, die Väterband, die erste – noch dazu musikbegeisterte – Gemeindereferentin und schließlich: INSPIRATION, die sich aus der Väterband entwickelte.

Musik war und ist ein unverzichtbares Element meines Lebens und war immer, neben dem Pflegeberuf, mein ganz persönlicher Dienst am Leben. Ich hatte auch verschiedene eigene Songs, Chorstücke und Arrangements für die Gruppe geschrieben, die wir erfolgreich aufführten. Eines davon, das trotz gewisser Schwierigkeiten gerne aufgeführt wurde, war „Beauty In My Mind". Ursprünglich war das ein Song mit Gitarre, den ich etwa 1978 gemacht hatte. Irgendwann (vermutlich um 1990) schrieb ich dazu einen Chorsatz Gabriele und die INSPIRATION-Leute mochten das Lied.

INSPIRATION ist ein Phänomen, das mich immer wieder fragen lässt: Wer sind wir und was machen wir eigentlich?

Inspiration heißt BESCHENKT WERDEN durch den Geist: Durch Menschen, durch Erfahrungen, durch gemeinsame Entwicklung, durch Musik. Das alles in Einem ist auch die Gruppe INSPIRATION.

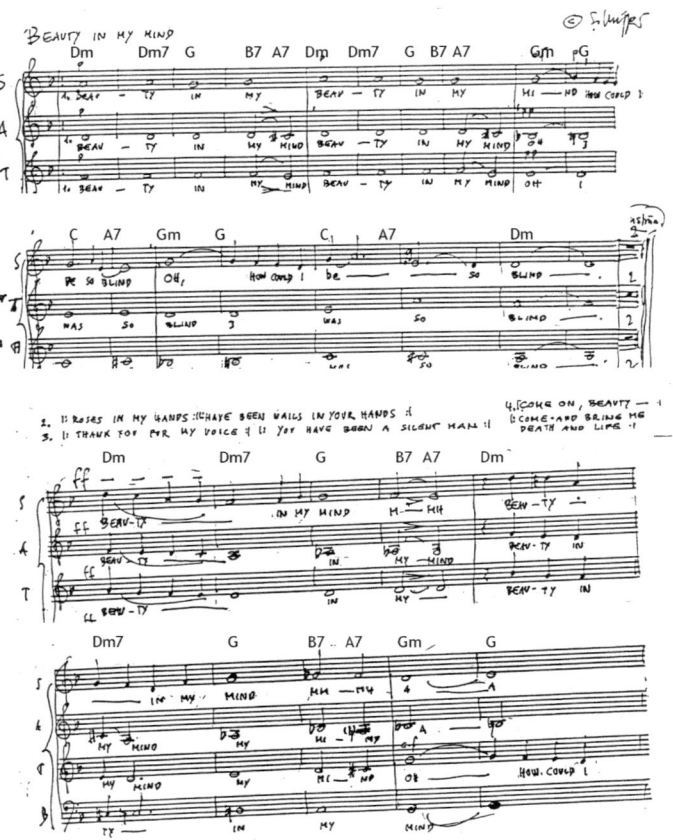

Handgeschriebener Chorus aus „Beauty In My Mind"

DAS GEHEIMNIS WIRD GELÜFTET

Entwicklung und Erfolg von INSPIRATION sind einzigartig. Denn eigentlich lebte sie immer zwischen Sein und Nichtsein. Einige Musiker bilden das stabile Gerüst durch ihre Beständigkeit – das sind vor allem die Älteren – viele jüngere Leute zogen in andere Orte oder verließen uns aus anderen Gründen, manche auch um später wiederzukommen.

Um diesen *Knochenbau* herum webte und lebte ein fluktuierender Körper. Dennoch wurden sie immer besser und ihr ungewöhnliches und teilweise auch sehr schwieriges Repertoire wuchs gigantisch, was ein Problem für *Neuzugänge* bot, die sich mit einer entmutigenden Fülle ungewöhnlichster und fremdartiger, fremdsprachiger Chorliteratur auseinandersetzten mussten. Manche gaben deshalb auch schnell wieder auf. Immer bildeten sich mit einem Minimum an direktiver Steuerung Strukturen und spontane Organisation. Alle Bewegungen und Gegenbewegungen waren Ergebnis der Diskussionen, die vor allem bei den alljährlichen Dreikönigsmeetings geführt wurden.

INSPIRATION 2009

Soll man für längere Zeit eine festes Repertoire beibehalten, um routinierter zu werden, oder häufiger Neues ins Programm aufnehmen, weil es sonst zu langweilig wird? Soll man eher häufiger und kürzer oder seltener und länger proben, nur am Freitag abends oder auch mal am Sonntag – alles wurde diskutiert und dann beschlossen.

Der Erwerb einer Gesangsanlage, um in akustisch problematischen Räumen und im Freien unsere Musik zur Wirkung bringen zu können, leise Soloinstrumente und Gesangssolisten verstärken zu können, war ebenfalls so ein qualitativer Sprung, wenn auch einige lange mit der Technologie auf Distanz blieben.

So ist auch der Entschluss zu verstehen, ihren Auftritt professioneller, disziplinierter und in abgestimmter Kleidung zu gestalten. Wobei das nicht übertrieben werden sollte: Dem Individualismus wird nicht Gewalt angetan. Also einigte man sich auf schwarz mit einem frei zu wählenden bunten Akzent.

INSPIRATION betreibt keine laute Öffentlichkeitsarbeit. Sie ist glücklich, wenn ihre Musik bei Konzerten oder Gottesdiensten *ankommt*, ob es nun freudige oder auch schmerzerfüllte Sätze sind. Im weiten Sinn: INSPIRATION darf Botschaften verkünden. So war es vom Anfang an gedacht, so möge es auch bleiben.

Was INSPIRATION mit ihren musikalischen Reisen durch Raum und Zeit bietet, ist Ausdruck einer Vitalität und mitreißenden Energie, die in Kategorien von *jung* oder *reif* oder *professionell* oder *erfahren* nicht ausreichend zu erklären ist. Man muss zu der Überzeugung kommen: Es ist der *Spirit*, der Geist, dem die Musiker sich anvertrauen. Es ist der Geist der Spirituals und Gospels selbst, der Geist der Heiligkeit ostkirchlicher Hymnen, der Geist der afrikanischen Befreiungslieder, der Geist jener unvernichtbaren Musik der vernichteten osteuropäischen Juden, der Geist der frischen 500 Jahre alten Madrigale. All dies, dessen sind sich die IN-

SPIRATION-Leute sicher, ist ein und derselbe Geist, Musik, die Geist ist. Geist, der Musik ist.

Freilich sind sie gereift, haben an sich und ihren Stimmen, an ihrem Klangkörper, gearbeitet. Zahlreiche Auftritte in den vergangenen Jahren haben sie geformt, haben zu Bühnenerfahrung und Selbstdisziplin verholfen. Schließlich braucht die Inspiration auch das Können, wenn sie für andere erlebbar werden soll.

Deshalb sind die häufigen *standing ovations* für die Musiker am Ende ihrer Konzerte berechtigt. Sie gelten natürlich der musikalischen Leitung von Gabriele Netal-Backöfer und der persönlichen Leistung jener 22 Frauen und Männer und den zahlreichen Solistinnen und Solisten, Instrumentalisten, Komponisten, Arrangeuren und Moderatoren unter ihnen, durch welche die Gruppe eine so unglaubliche Vielfalt an multikulturellem Liedgut, an Instrumentierungen, originellen Sätzen und Eigenkompositionen und Erzählungen zu einzelnen Stücken aufweisen kann. Und was auch ein Geheimnis ihrer Vitalität sein könnte:

Engelsgleicher Gesang

Trotz zunehmenden „Ruhmes" und interessanter Engagements war sich INSPIRATION nie zu schade, auch für die kleinen Erstkommunikanten oder die Firmlinge zu singen, bei Straßenkonzerten zu frieren und sich bei Kleinstveranstaltungen wie zum Abschluss der Renovierung eines Marterls zu betätigen. Vielleicht wünschen sich deshalb heute noch Kinder und Jugendliche, dass INSPIRATION singt. Sie ist dadurch selbst jung geblieben.

◖ Das Überlebenskonzept: Die INSPIRATION-Energie

Wohlgemerkt, dies ist keine Beschwerde oder gar Anklage.
Um den den festen Knochenbau der INSPIRATION herum herrschte lange Jahre, teilweise noch immer ein „*free floating,*" eine Art Planetenbewegung oder freies Rauschen von Energien. Da war und ist Hardl, der immer wieder für Jahre im Ausland weilt aber irgendwie doch da ist. Da war und ist Werner, der intermittierend Strahlungen seiner Präsenz aussendet, ein lieber Freund und Musiker, dessen Tontechniker-Professionalität uns zu ebenso begeisternden wie ernüchternden Erkenntnissen über die Qualität unseres Chorklanges verhalf. Da ist Christine, die den Schwingungen folgt, die sie einmal zum Chor und ein andermal in andere Richtungen tragen. Günther, auf dessen instrumentalen wie gesanglichen Bass wir immer bei Konzerten vertrauen können. Musiker, die ihre Grenzen klar erkennen und sie auch kommunizieren, Chormitglieder, die Zeiten haben, in denen sie aus verschiedenen Gründen aussteigen müssen um irgendwann wieder da zu sein.
Die Idee oder der Körper INSPIRATION – was ist es, das auch entferntere Planeten immer wieder in seine Gravitation bringt?
Für beinahe zwei Jahre hatte eine schwere Erkrankung Gabriele ausser Gefecht gesetzt. Normalerweise das Ende für eine solche Gruppe. Es war für sie auch nicht leicht, einen

anderen den Chor leiten zu sehen. Doch es war nie wirklich ein Problem. Die Verteilung der Rollen war klar. In dieser Zeit lebte der Chor weniger von Gabrieles penibler Probenarbeit, sondern von seinem Kapital, das dadurch erarbeitet worden war. Da waren noch Schwester Angela und Sepp, die Leitungsaufgaben übernahmen. Letzterer brachte eher das spontane, musikantische Element ein, was durchaus auch Erfolg hatte und zum Überleben beitrug. Es ging genau so lange gut, bis Gabriele wieder einsatzfähig war. Und da waren die vielen, oben schon genannten Dienste, die von veschiedenen Chormltgliedern übernommen wurden.

INSPIRATION erlitt keinen Schaden. Aber wir alle wissen, das „die tiefere Erbeutung im Dunkel sich tut" (Johannes vom Kreuz), also in der Mühe und Plage, mit der Arbeit am Detail.

Auftritt in Hummelthal. Mit einem Minimum an Leitung, als selbstbestimmtes Ensemble konnte INSPIRATION weiterleben.

DIE EHRUNGEN

Ein Höhepunkt bisher war zweifellos die Ehrung durch das *Institute Of Contemporary History and Wiener Library* am 15. November 2000. Ein ehemaliger Bamberger Jude, Dr. Löbl, der als Kind wegen des Holocaust von seinen Eltern nach England verschickt worden war – seine Eltern und Verwandten sind größtenteils umgebracht worden, er hat sie nie mehr gesehen – hatte uns immer wieder gehört und die Auszeichnung beim Institut angeregt. Die Auszeichnung gilt *Personen in Deutschland, die sich in vielfältigster Weise bei der Wiederentdeckung, Erinnerung und Bewahrung jüdischer Vergangenheit in ihren Umgebungen engagieren.*

Das Dokument wurde in Memmelsdorf im Rahmen einer größeren Feier mit etwa 150 Gästen durch Dr. Löbl übergeben. Wieder einmal waren Mitglieder der Kultusgemeinde, der Pfarrgemeinde, der politischen Gemeinde, sowie Freunde und Verwandte einmütig im Pfarrsaal versammelt, wie bei unserem ersten Konzert. Für uns auch ein gewisser Triumph. Die Öffentlichkeit musste von uns und unserer Leistung Kenntnis nehmen, einschließlich Bürgermeister, Gemeinderat, Pfarrei. Die verschiedensten Zeitungen berichteten darüber.

Musikalische Brücke zwischen Juden und Nicht-Juden

Memmelsdorfer Chor „Inspiration" von Londoner Institut geehrt

MEMMELSDORF. Für eine bessere Verständigung zwischen Juden und Nicht-Juden ist der Memmelsdorfer Chor „Inspiration" mit einer Ehrenurkunde des Londoner „Institute of Contemporary History and Wiener Library" ausgezeichnet worden.

von Christoph Gahlau

Diese Ehrung wird nur sehr selten an Personen und Gruppen verliehen, die sich um die Erforschung und Weiterverbreitung jüdischen Kulturgutes verdient gemacht haben, betonte Dr. Herbert Loebl vom Institut in seiner Laudatio im Memmelsdorfer Pfarrzentrum.

In hebräischer Sprache

Vor mehr als zehn Jahren wurde „Inspiration" in Memmelsdorf gegründet, sehr schnell begann der Chor, sich jüdischer Musik zu widmen. Während der vergangenen zehn Jahre seines Bestehens

wurde der Chor immer wieder zu Veranstaltungen eingeladen: An der Gestaltung von Gedenkfeiern zum 9. November, der Reichspogromnacht, wurde ebenso mitgewirkt wie bei der Ausstellungseröffnung „Jüdisches Leben in Bamberg" im Historischen Museum.

Aber auch eine „Bar Mitzvah", die feierliche Aufnahme eines Jugendlichen in die jüdische Gemeinde, wurde bereits musikalisch umrahmt. Als besondere Leistung hob Dr. Loebl in seiner Laudatio hervor, dass der Chor in hebräischer Sprache singt. Ausführlich würdigte der Festredner auch die Mitgestaltung des ökumenischen Gottesdienstes Anfang Mai 1995 aus Anlass des 50. Jahrestages zum Kriegsende. „Ich kann mir nicht vorstellen, dass vorher ein hebräisch singender Chor im Bamberger Dom auftrat," sagte Dr. Loebl. Die Ehrung des Chores solle Anerkennung und Dank für die geleistete Arbeit sein.

Unter großem Applaus übergab Dr. Loebl die Ehrenurkun-

de dem ältesten Chormitglied, dem 74-jährigen Erwin Burkard. Chorleiterin Gabriele Netal-Backöfer bedankte sich im Namen des Chores für die Auszeichnung. Während der vergangenen Jahre habe sie gemerkt, dass die jüdische Musik in ihr etwas anspreche, das sie vorher so nicht gekannt habe.

Josef Kuffer, ebenfalls eines der Gründungsmitglieder, zeigte sich überrascht von der Auszeichnung: „Keiner hat damit gerechnet." Er erinnerte daran, dass vor etlichen Jahren der Vorsitzende der Israelitischen Kultusgemeinde, Heinrich Olmer, auch sein Scherflein dazu beigetragen habe. „Er hat unser fränkisch klingendes Hebräisch durch einen eigenen Kurs deutlich verbessert."

Der Memmelsdorfer Pfarrer Lothar Güthlein nannte die Musik einen Brückenschlag zwischen den Religionen. Angesichts der angespannten Lage im Nahen Osten meinte Güthlein: „Die Konfliktparteien sollten das, was sie sagen, lieber singen, dann bekämen wir langsam Harmonie."

Beitrag zur Toleranz

Auch der Vorsitzende der Israelitischen Kultusgemeinde, Heinrich Olmer, würdigte das Engagement des Chors „Inspiration" Die Chormitglieder, so Olmer, würden durch ihre Auftritte zu Toleranz und Offenheit in der Bevölkerung beitragen. Trotz allem gebe es nach jüngsten Statistiken in Deutschland noch immer 15 Prozent Antisemiten, mahnte Olmer. An die Mitglieder der „Inspiration" appellierte er, in ihren Bemühungen um Völkerverständigung nicht nachzulassen.

Für die musikalische Umrahmung des Abends sorgte der Chor „Inspiration" selbst mit Stücken aus seinem jüdischen Repertoire.

Dr. Herbert Loebl (rechts) übergab die Ehrenurkunde an das älteste Chormitglied, den 74-jährigen Erwin Burkard.

INSPIRATION freute sich auch über die Ehrung, die der Erzbischof von Bamberg am 27. Juni 2008 für das ehrenamtliche
Engagement von INSPIRATION im Gemeindehaus St. Josef,
Bamberg, vornahm. Seit 20 Jahren gestaltet die Gruppe
Gottesdienste und die verschiedenartigsten reliigiösen Feierlichkeiten mit und bemüht sich um interreligiöses Miteinander.

Ehrung der Gruppe INSPIRATION durch den Erzbischof Ludwig Schick
für ehrenamtliches Engagement in der Kirche. Von links: Pfarrer
Güthlein, Memmelsdorf, Karin Leisner, Mechthild Burkard, Andrea
Stapper, Charly Pelikan, Erzbischof Ludwig Schick, Karin Waldmann,
Erwin Burkard

Oben: 1989 Mitwirkung einer Gruppe bei einer Abiturfeier
Mitte: 1996 Auftritt in Schloss Eyrichshof bei Ebern: Pfadfindertreffen
Unten: 2000 Konzert in der Kleinkunstbühne Dehnberg

Oben: 2007 Konzert in Bad Windsheim
Mitte: 2008 Klosterkirche Schwarzenberg
Unten: 2009 Konzert in Bamberg, St. Josef

CHRONIK 1988 - 2008

1988

Herbst	Väterband: Gen Rosso Messe in Memmelsdorf, Drosendorf, Giech und Gundelsheim

1989

11./12.03.	Väterband: Missa Zimbabwe („Masithimesse") in Memmelsdorf
07.06.	Erstes Open-Air-Festival in Memmelsdorf. Zu diesem Zweck Namensfindung: „INSPIRATION"
08./10.9.	Fahrt nach Dringenberg zu Herrn Ignatzi, dort Beschluss, als Gruppe INSPIRATION professioneller aufzutreten. Die Chorleitung wird Gabriele anvertraut
09.12.	Psalmen-Singen in Memmelsdorf
25.12.	Musikalische Gestaltung des Weihnachtsgottesdienstes

1990

09.03.	„Begegnung mit Israel in Musik und Tanz". Unser erster israelischer Abend in Memmelsdorf
14.04.	Musikalische Gestaltung der Gottesdienste am Gründonnerstag, Karfreitag und Karsamstag in Memmelsdorf
30.04.	„Begegnung mit Israel", Konzert auf Burg Feuerstein
11.05.	„Begegnung mit Israel", Konzert in der Israelitischen Kultusgemeinde Bamberg, zusammen mit Sinai
04.–06.05.	Fahrt nach Dringenberg zum 40. Geburtstag von Herrn Ignatzi. Singen bei der Geburtstagsfeier am Freitagabend, in der Kirche am Samstagabend und Sonntagvormittag
01.09.	Singen in kleiner Besetzung bei der Silberhochzeit der Eltern Silberhorn

Der Chor „Inspiration" verstand es gut, daß Charakteristische der jidischen Musik zu vermitteln.   Foto: FT-Rudolf Mader

Jüdisch-israelischer Kulturabend im Pfarrsaal Memmelsdorf

Publikum sang und tanzte mit

„Woche der Brüderlichkeit" musikalischen Akzent gegeben

Memmelsdorf ⊕ Anläßlich der Woche der Brüderlichkeit veranstaltete die Pfarrgemeinde in Zusammenarbeit mit der Israelitischen Kultusgemeinde Bamberg einen jüdisch-israelischen Kulturabend. Bei dieser Veranstaltung handelte es sich um die einzige zur Woche der Brüderlichkeit im gesamten Bamberger Raum. Der bis auf den letzten Platz besetzte Pfarrsaal bewies das große Interesse.

In seiner Begrüßungsrede führte Heiner Olmer, der Vorsitzende der Israe-
litischen Kultusgemeinde, an, daß bei
Bemühungen um Verständigung
Frage im Vordergrund ste-
Dialoge, Schuldbe-
ologische Ar-
Wurz

dieser Abend fand, zeigte sich a
dadurch, daß der Gitarrenkurs
Volkshochschule Memmelsdorf s
kurzfristig bereit erklärte, c
mi* tragen und eb f
israelischen Li
e Veransta
stertes
er

72

15.09.	Musikalische Gestaltung der Aussendungsfeier für Gabriele im Bamberger Dom
21.09.	„Shpil she mir a Lidele in Jiddish", Konzert in Bad Windsheim, zusammen mit Sinai
29.09.	Spontaner Auftritt vor der Lorenzkirche in Nürnberg als Ersatz für einen leeren Saal im Caritas-Pirckheimer-Haus
19. - 21.10.	Chorwochenende in Schwarzenberg. Musikalische Gestaltung des Gottesdienstes am Sonntag
01.11.	Auftritt beim Festival des religiösen Liedes am Feuerstein
24.11.	Mitwirkung bei der Gemeindemission in Memmelsdorf
19.10.	Auftritt in der Kopfklinik in Erlangen
23.12.	Musikalische Gestaltung eines Gottesdienstes in der evangelischen Kirche in Lichteneiche
25.12.	Musikalische Gestaltung des Weihnachtsgottesdienst in Memmelsdorf

1991

02.03.	Stimmbildung mit Angela Netal in Memmelsdorf
15.03.	"Begegnung mit Israel" in Musik und Tanz im evangelischen Jugendheim (Eglseestraße) in Bamberg
28./31.03.	Musikalische Gestaltung bei der Kar- und Osterliturgie in Memmelsdorf
14.04.	"Begegnung mit Israel" Musikalische Mitwirkung anlässlich eines Seminars in Lichtenfels
11.05.	Auftritt bei der Kirchweihe auf Feuerstein
18.05.	Konzert in Breitengüßbach
07.07.	2. Open Air Festival „Lieder des Lebens" in Memmelsdorf (bei glühender Hitze, 36° im Schatten, tomatenrote Gesichter unter riesigem Sonnenhüten auf der Bühne)
15.08.	Mitwirkung bei der kirchlichen 600-Jahrfeier in Memmelsdorf
06.10.	Musikalische Gestaltung zum Erntedank in Hohenmirsberg

Geschichten und Anekdoten:

29.09.1990 INSPIRATION war eingeladen in das Caritas-Pirckheimer-Haus in Nürnberg. Ein Konzert der Kategorie „Lieder des Lebens" war geplant. Bei herrlichem Wetter und einem ungünstigen Tag war ein einziges Mädchen als Publikum vorhanden. Wir beschlossen, ein unangemeldetes Standkonzert vor der Lorenzkirche zu wagen. Singend und tanzend bewegten wir uns auf die Kirche zu und fanden uns als Straßenmusikanten mit aufgeklapptem Gitarrenkoffer wieder. Mancher genierte sich erst mal (siehe Beitrag von Angela Netal). Viele Passanten bleiben stehen und freuten sich. Ein Herr fiel mir auf, der mit offenem Mund während des ganzen Programms stehen geblieben war. Wie sich danach herausstellte, war er ein amerikanischer Tourist jüdischen Glaubens, der es nicht fassen konnte, in der Stadt der Reichsparteitage jüdische Musik auf der Straße zu hören. Er hatte gedacht, in Germany sind immer noch die meisten Menschen Nazis.

Dass sich auch Geld in unseren Gitarrenkoffern und Geigenkästen befand, war nicht unangenehm. Es kam zu keinen Konflikten mit der Ordnungsmacht.

»Fest der Freiheit« mit dem Seder-Mahl

Seminar über Juden in Lichtenfels und ihre Religion stieß auf große Resonanz / Rabbi Schlomo Appel betete für die Nazi-Opfer

LICHTENFELS. Dem Leben der Juden am Obermain und ihrer Religion war ein Seminar des Evangelischen Bildungswerk und der Evangelischen Kirchengemeinde gewidmet. Mit etwa 50 Teilnehmern übertraf das Interesse an dieser Veranstaltung alle Erwartungen. Zunächst führte Diplom-Historiker Günter Dippold zu den Spuren jüdischer Vergangenheit in Lichtenfels, bevor Studiendirektor Hans Pfreundner zusammen mit der Gruppe »Inspiration« aus Bamberg jiddische und hebräische Lieder zu Gehör brachten. Ein Kurzreferat von Rabbi Schlomo Appel über das Pessach (= Passah)-Fest und eine gemeinsame Seder-Mahlzeit beschlossen die Veranstaltung.

Eine kleine Ausstellung, zusammengestellt von Stadtarchivarin Christine Wittenbauer, gab den Teilnehmern einen Einblick in das jüdische Leben in der ersten Hälfte unseres Jahrhunderts.

Studiendirektor Hans Pfreundner brachte jiddische Lieder zu Gehör und begeisterte damit seine Zuhörer (links). Aus Bamberg stammt die Gruppe »Inspiration«, die mit hebräischen Gesängen das Publikum mitriß und zum Mittanzen aufforderte (rechts).

Mitwirkung bei einem Seminar in Lichtenfels mit Herrn Pfreundner

20.10.	„Begegnung mit Israel" Konzert in Hetzelsdorf, mit Sinai
15.12.	Mitwirkung beim Konzert der Memmelsdorfer Chöre in der Kirche von Memmelsdorf
21.12.	Straßen-Auftritt „Advent vor St. Martin"
24.12.	Musikalische Gestaltung der Mette in Memmelsdorf

1992

12.01.	Auftritt im DRK-Altenwohnheim in Forchheim
24. - 26.01.	Chorwochenende in Schwarzenberg
02.02.	Musikalische Gestaltung des Gottesdienstes zu Lichtmess, Memmelsdorf
08.03.	„Begegnung mit Israel" Konzert in der israelitischen Kultusgemeine Bamberg
28.03.	Szenische Darstellung (die Hexe Margarete Müllerin) bei der Abschlussfeier „600-Jahre–Memmelsdorf in der Seehofhalle
02.04.	Musikalische Gestaltung eines Gottesdienstes in der Martinskirche Bamberg bei der Gedenkfeier für Pater Lunkenbein
16./17.04.	Musikalische Gestaltung der Gottesdienste am Gründonnerstag und Karfreitag in den Kirche von Memmelsdorf
17.05.	„Begegnung mit Israel" Konzert in der evangelisch-freikirchlichen Gemeinde in Erlangen (Heimatgemeinde von Sinai)
30.05.	„Begegnung mit Israel" Konzert in Sambachshof mit Sinai
20.06.	Musikalische Gestaltung der Hochzeit von Gabriele und Karlheinz
18.07.	„Geistliche Lieder aus aller Welt", Konzert in Hetzelsdorf
26.09.	Musikalische Gestaltung eines Gottesdienstes mit Herrn Dr. Ignatzi in Kremmeldorf und am Abend Singen bei der Geburtstagsfeier von Vera
02./04.10.	Chorworkshop in München mit Uli Hermann und seinen Chören. Auftritte dort in der Willibaldskirche, Straßenauftritt in der Fußgängerzone vor der Michaelskirche
25.12.	Musikalische Gestaltung des Weihnachtsgottesdienst in Memmelsdorf

Anno 1619 : Wie die Margarete Dillnerin wegen Hexerei angeklagt wird

Sprecher: Am 3.Mai 1619 versah der Pfarrer Johann Jung in Memmelsdorf
den Pächter des sogenannten Wirtshäusleins , namens Hans
Schney, mit dem heiligen Sakrament.

Sprecherin: Dabei klagte dieser eine gewisse Margarete Dillnerin an,
daß sie die Ursache seines Todes sei und ihn behext habe.

Gruppe steht geschlossen(wie um einen Toten), Rücken zum Publikum
nach dem Text der beiden lockert sie sich auf,einige drehen sich
herum, schauen auf eine weibliche Person, deuten auf sie - diese
sondert sich ab - intensives Deuten, Murmeln("Hexe").

Ende: Gruppe im Halbkreis zum Publikum, eindeutiges Deuten,Mur=
meln, einer spricht laut: Die Dillnerin is die Hex
Die Frau steht abseits, wird von zwei Männern an den Händen
gepackt.

Sprecher:Nun wurde diese Margarete Dillnerin am 6. August dieses Jahres
nach dem Markt Hallstadt geführt und lag dort 3 Jahre un
23 Wochen in Verhaft, ist auch in der Tortur gefoltert, auf=
gezogen, examiniert und etliche Stunden hangend geblieben.

Beim Verlesen des Textes wird die Frau auf die andere Seite ge=
führt, ein schwarzes Tuch wird von den beiden Männern vor sie
gehalten (= Gefängnis)

dabei Cello-Bratsche - ein Orffinstrument (oder zwei?)

Sprecher und Sprecherin abwechselnd:
3 Jahre - 23 Wochen
alle Formen männlicher Grausamkeit
auf der Streckbank gequält
endlose Verhöre
an den Füßen aufgehängt - mit dem Kopf nach unten   (Pause)
3 Jahre - 23 Wochen

Sprecher: Sie gestand aber nicht und rief in höchster Not zu Gott,
zur Himmelskönigin Maria und zur heiligen Kunigunda....

Im Anschluß Chor: Aus der Tiefe..(Kaminski; 1.Seite,auswendig)

Sprecherin: Nach diesem Gebet verlor sie die Sprache. Sie wurde nun noch
lange Zeit im Gefängnis zurückbehalten...... (Pause)
Während dieser Zeit versprach sie zwei Reichsthaler und eine
halbpfündige Kerze in den Dom zu Bamberg, einen Reichsthaler
und eine halbpfündige Kerze nach Gößweinstein und ebensoviel
sowie ein wächsernes Fräulein nach Vierzehnheiligen,wenn
sie nur aus dem Gefängnis herauskäme...

Sprecher: Friedrich von Spee, ein Jesuit, der sich dieser als Hexen
beschuldigten Frauen angenommen und viele von ihnen zum
Tod begleitet hat, schrieb zu Beginn des Jahres 1623
ein Kirchenlied. Mit diesem Lied leiht er jenen Frauen die
Stimme, die in dieser Zeit keinen Beistand von der Kirche
zu erwarten haben.

Gruppe summt leise während des Textes die Melodie:O Heiland reiß
dann leise einstimmig die erste Strophe:
O Heiland,reiß die Himmel auf
herab,herab vom Himmel lauf.
Reiß ab vom Himmel Tor und Tür,
reiß ab, wo Schloß und Riegel für.

Bei der 600-Jahr-Feier stellte INSPIRATION szenisch und musikalisch die Verfolgung und das Martyrium der Memmelsdorfer
Hexe Margarete Dillnerin dar. Hier das Drehbuch von Erwin Burkard. Die Hexe wurde von Lisa Kuffer gespielt.

1993

09.03.	„Begegnung mit Israel" Konzert in Forchheim
02./03.07.	Chorworkshop mit Larry Traiger in Memmelsdorf
07.07.	„Begegnung mit Israel" Konzert im Wasserschloss Mitwitz
02.10.	„Begegnung mit Israel", Konzert in Hammelburg, mit Sinai
07.11.	Musikalische Gestaltung eines Gottesdienstes in Herz Jesu, Erlangen mit Pfarrer Schicker
11.11.	„Begegnung mit Israel" Konzert in der Erlöserkirche Bamberg, mit Sinai
11.12.	Musikalische Gestaltung bei der Hochzeit von Susanne und Ralph Netal in Schwarzenbach
18.12.	Straßen-Auftritt „Advent vor St. Martin"
25.12.	Musikalische Gestaltung des Weihnachtsgottesdienst in Memmelsdorf

»Jiddische Liedele« mit tiefem Hintergrund

· Musikgruppen »Sinai« und »Inspiration« vermittelten Einblick in die Kultur des Ostjudentums

H a m m e l b u r g . Bange Mienen bei den Organisatoren wenige Minuten vor Beginn: Kommen zur Schlußveranstaltung der Reihe „Menschenkinder" mehr Zuhörer als Mitwirkende? Zur Ehrenrettung der Hammelburger Kulturszene sei angemerkt, daß nach Ablauf des „akademischen Viertels" doch mehr Plätze im Zuschauerraum als auf der Bühne im Saal der Raiffeisenbank besetzt waren. Dennoch – der vorläufige Schlußpunkt der Veranstaltungsreihe war kein Saal- und Kassenfüller – und das, obwohl Spiel und Gesang der beiden Musikgruppen „Sinai" und „Inspiration" die zweifellos unbeschwertesten Seiten des Verhältnisses von „Deutschen, Christen und Juden" aufzeigten. Denn jiddische Sprache, Dicht... und M... ...ind ihre Oasen der Geborgenheit im täglichen Existenzkampf. Die weit schwingenden, zum Mitklatschen und -stampfen anregenden Rundgesänge mit ihrem ständig steigernden Tempo schufen zumindest zeitweilig die Illusion von Glück und Idylle. Daß hinter den fast bis zur Extase gesteigerten Festgesängen die ständige Zukunftsangst einer unterdrückten Min... nung auf die Rückkehr ins Gelobte Land, vom zähen Glauben an den unbeugsamen Lebenswillen des Volkes Gottes zeugten die Verse, die in der Todeszelle einer ungarischen Widerstandskämpferin gefunden wurden. Ihr tief empfundener Vortrag durch eine Solistin war die wohl eindrucksvollste Darbie... des Abends.

Konzert in Hammelburg

77

An die VHS Memmelsdorf
c/O Herr Erhardt Wiesenroth

Programmvorschlag für einen Chor-Wochenendkurs mit
Laurence Traiger:

"Jüdische Gesänge durch die Jahrhunderte"

Lithurgische, Mystische und Volkstümliche Lieder
werden mehrstimmig und einstimmig mit Begleitung von
Instrumenten einstudiert und gesungen.

Laurence Traiger, wurde 1956 in New York geboren. Er studierte
Musikkomposition an der Universität Kansas, am Mozarteum in
Salzburg (bei Cesar Bresgen), am Conservatoire National de
Paris und in der Meisterklasse von Prof. Wilhelm Killmayer in
München.

1977 erhielt Traiger den ersten Preis in Komposition bei einem
Wettbewerb des Österreichischen Rundfunks. 1987 war er Preis-
träger in dem vom Bärenreiterverlag ausgeschriebenen Wettbewerb "Neue Hausmusik" und erhielt 1992 einen Preis in dem von
der Stadt Spittal/Drau ausgeschriebenen internationalen
Kompositionswettbewerb für Chormusik.

Zur Zeit ist Laurence Traiger als Komponist und
Instrumentalist tätig und unterrichtet Tonsatz an der
Innsbrucker Abteilung der Hochschule für Musik "Mozarteum" und
Gehörbildung am Richard Strauß Konservatorium in München.

Laurence Traiger konzertiert auf der Viola mit Spezialisierung
in historischer Aufführungspraxis und jüdischer Musik.

Der Chorworkshop mit Larry Traiger, den Hardl Wiesneth kennen-
gelrnt hatte und den er als „Trainer" für uns engagiert hatte,
war für INSPIRATION ein Markstein zum „Jüdischen Feeling".
Außerdem verdanken wir ihm einige Kompositionen, Raritäten, die
er uns überließ und die unser Repertoire bis heute bereichern.

1994

10.03.	„Begegnung mit Israel" Konzert in Forchheim zur „Woche der Brüderlichkeit"
13.03.	Musikalische Gestaltung eines Gottesdienstes in Lauf / Peg.
04.04.	Musikalische Gestaltung des Ostergottesdienstes in Drosendorf
24.04.	„Begegnung mit Israel" Konzert in der Synagoge Altenkunstadt
20.07.	Musikalische Gestaltung der Hochzeit von Karin und Werner in Memmelsdorf
11.09.	Mitwirkung bei der Jubiläumsfeier 20 Jahre Pfarrer Güthlein
23.10.	„Geistliche Lieder", Konzert in der Kirche von Ermreuth
25.11.	Auftritt beim Kathreinstanz in Memmelsdorf
26.11.	Straßen-Auftritt „Advent vor St. Martin"

1995

05.03.	Musikalische Gestaltung bei der Ausstellungseröffnung „Jüdisches Leben in Bamberg" im Historischen Museum Bamberg
26.03.	„Zeit der Versöhnung", Benefizkonzert in Drosendorf
08.04.	Konzert in Flossenbürg bei der Gedenkfeier zum 50. Todestag von Dietrich Bonhoeffer
29.04.	Musikalische Gestaltung einer Hochzeit in Arnstein
07.05.	Musikalische Gestaltung einer Feier im Bamberger Dom: 50 Jahre Kriegsende. Unter anderem singt INSPIRATION: Ose Shalom, das große jüdische Friedensgebet
25.06.	Musikalische Gestaltung bei der Vereinsgründung zur Erforschung jüdischen Lebens in Bamberg in der israelitischen Kultusgemeinde
02.07.	Musikalische Gestaltung beim Pfarrfest von St. Stephan, Bamberg

Geschichten und Anekdoten:
25.11.1994 Zu unserer Mitwirkung beim Kathreinstanz in Memmelsdorf, der damals wieder neu eingeführt worden war, widmete uns der Bamberger Gitarrist und Dozent Günther Voss einen Chorsatz zum Volkslied „Heißa, Kathreinerle", den wir noch am selben Abend einstudierten und uraufführten.

AUS DER REGION

Die Gruppe „Inspiration" brachte jüdische Beiträge zu Gehör. Der Chor begeisterte für seine fröhlichen, aber auch nachdenklich stimmenden Lieder die Teilnehmer. Das Wochenende in Flossenbürg war von der Evangelischen Jugend in Bayern und dem Amt für Jugendarbeit der Evangelisch-Lutherischen Kirche initiiert worden. Bild: nm

Wochenende mit Arbeitskreisen, Musik und Filmpremiere

Bereit sein zu gehen

Bildungsseminar zum 50. Todestag der Widerstandskämpfer

Flossenbürg. (nm) „Denken und Handeln im Blick auf die kommende Generation, dabei ohne Furcht und Sorge jeden Tag bereit sein zu gehen, das ist die Haltung, die uns praktisch aufgezwungen ist und die durchzuhalten nicht leicht, aber nötwendig ist." Diese Zeilen schrieb Dietrich Bonhoeffer um die Jahreswende 1942/43. Die Aufforderung hat 50 Jahre nach seinem Tod nichts an Aktualität verloren. Die Verantwortung für die Zukunft, genauso aber die Trauer um die Opfer stellten am Wochenende die Evangelische Jugend in Bayern und das Amt für Jugendarbeit der Evangelisch-Lutherischen Kirche in Bayern in den Mittelpunkt.

Trost und Hilfe in schwerer Zeit

Bonhoeffers Gedicht „Von guten Mächten wunderbar geborgen"

Flossenbürg. (nm) „Diese Worte sind zu kostbar, um sie nur so nebenbei wahrzunehmen." So die Aussage des Flossenbürger Ortsgeistlichen Karlhermann Schötz zu den wohl bekanntesten Zeilen von Dietrich Bonhoeffer. Gemeint ist dessen Gedicht „Von guten Mächten wunderbar geborgen". Es entstand zur Jahreswende 1944/45 im Gefängnis der Gestapo in der Berliner Prinz-Albrecht-Straße.

Der evangelische Theologe widmete das Werk

Unser Auftritt im KZ Flossenbürg, anlässlich des 50. Todestages von Dietrich Bonhoeffer gehört zu den unauslöschlichsten Erfahrungen

14.07.	Konzert in Kronach: Musikalische Begegnung rnit der jüdischen Welt"
24.09.	Straßenauftritt in der Bamberger Fußgängerzone beim Tag des ausländischen Mitbürgers
28.09.	Singen in der Martinskirche Bamberg bei der moslemisch-jüdisch-christlichen Gebetsstunde
16.11.	Singen beim 60. Geburtstag von Pfarrer Güthlein
19.11.	Singen in Breitengüßbach: Benefizkonzert für den Hospizverein
09.12.	Straßen-Auftritt „Advent vor St. Martin"

1996

28.01.	Konzert in Schwarzenbach / Saale "Geistliche Lieder aus aller Welt"
25.02.	Konzert in Naila: „Lieder aus Israel"
02.03.	Konzert in St.Heinrich Bamberg anlässlich des Kunigundentages (nach 70 Minuten Wartezeit)
09.03.	Singen beim Geburtstag von Herrn Silberhorn in Memmelsdorf
27.04.	Musikalische Gestaltung einer Bar Mitzwah-Feier in der israelitischen Kultusgemeinde
15.06.	Auftritt in Schloss Eyrichshof (Ebern) bei einem Pfadfindertreffen
05.07.	Inspiration-Chorfest im Schlosspark von Seehof in Memmelsdorf . Feier unseres 8 ½ -jährigen Jubiläums!
10.08.	Musikalische Gestaltung der Hochzeit von Claudia in der Englischen Institutskirche in Bamberg
26.09.	Musikalische Gestaltung beim multireligiösen Gottesdienst in der Erlöserkirche in Bamberg
29.09.	Konzert im Bootshaus Bamberg anlässlich der Woche des ausländischen Mitbürgers
13.10.	Musikalische Gestaltung beim Jubiläum der Combonimissionare in der Annakirche in Bamberg
17.11.	Gospelkonzert in Lauf

HERZLICHE EINLADUNG

Liebe(r)

Gabriele telefoniert gerade mit ihren beiden Kindern... -- Ach Quatsch!

Eigentlich wollten wir Dich zu unserem CHORFEST einladen!

10-Jähriges kann jeder feiern - wir aber wollen unser ACHTEINVIERTELJÄHRIGES begehen.

Es ist uns ein Bedürfnis, einmal innezuhalten und zu feiern, was wir waren und was wir sind. Auch Du hast einen Teil dieser Geschichte miterlebt und mitgestaltet. Und deshalb finden wir, daß Du unbedingt dabei sein solltest!

Wir treffen uns am Freitag, den **5. Juli 1996** ab **17 Uhr** im Park von **Schloß Seehof** in der Nähe der Wächterhäuser. Achte auf Hinweisschilder! (Bei schlechtem Wetter feiern wir im Pfarrzentrum Memmelsdorf).

Falls Du (noch) Chornoten/Instrumente hast, bringe sie mit! Wir werden an diesem Abend bestimmt viel singen und musizieren! Einen besonderen Liedwunsch kannst Du uns auch mitteilen.

Wir hoffen, daß Du kommen kannst und freuen uns auf ein paar schöne Stunden mit Dir!

Bitte schicke den ausgefüllten Abschnitt bis **spätestens 10. Juni** an:

Karin Leisner
Jahnstr. 2
96114 Hirschaid

Das Festkomitee von

INSPIRATION

P.S.: Für Fleisch, ... rgt. ..chirr und ein Gl...
Tasse brin....

Einladung zum 8 ½-jährigen Bestehen der INSPIRATION in Seehof

Geschichten und Anekdoten:
27.04.1996
BAR MITZWA in der Israelitischen Kultusgemeinde: INSPIRATION lieferte die Musik. Es war ein fröhliches, ausgelassenes Multikulti-Fest. Die Großeltern der Jungs stammten aus Frankreich und Tunesien. Entsprechend gab es koschere Köstlichkeiten aus diesen Ländern und beste Weine. Askenasisch-chassidische Mystik verband sich mit sephardisch-französischem Charme und Lebensfreude. Und INSPIRATION mittendrin.

Geschichten und Anekdoten:
29.09.1996 Auftritt im Bootshaus. Mit einer anderen Sorte von Publikum wird gerechnet: Einem Publikm, das eher nicht so aufgeschlossen ist gegenüber einer spirituellen Botschaft, aber sehr wohl gegenüber qualitativer Welt-Musik. Wir sind etwas aufgeregt und als Solisten mit jiddischen Liedern beschließen Sepp und Vera, erst mal einen tüchtigen doppelten Wodka zu sich zu nehmen, gemäß der Anweisung des Rebbn aus dem „Freylekh": „Der Rebbe hot gehejssn freylekh sejn, trinken Bronf'n und nicht kejn Wejn" (Der Rebbe hat geheißen: Fröhlich sein! Trinkt Schnaps und nicht keinen Wein! Ojojojoj!)

1997

01.03.	Musikalische Gestaltung Gundelsheim bei der Hochzeit von Barbara in
15.03.	Konzert in Drosendorf: "Brich mit den Hungrigen dein Brot" (mit Verstärkung aus Seehausen)
21.06.	Studioaufnahmen in der Gügelkirche durch Michael Silberhorn
16.08.	Musikalische Gestaltung bei einer Hochzeit in Walkenbrunn (Fränkische Schweiz)
18.10.	Konzert in der Kirche von Ermreuth :"Geistliche Lieder aus aller Welt"
02.11.	Chorwochenende / Gottesdienst in Schwarzenberg
29.11.	Straßen-Auftritt „Advent vor St. Martin"

1998

01.03.	Benefizkonzert in der Kunigundenkirche in Bamberg für die Orgel
15.03.	Konzert in Wannbach (Hetzelsdorf) :"Lieder und Musik aus Israel"
29.03.	Musikalische Mitwirkung bei der Lesung des Buches "Jossel Rakovers Wendung zu Gott" (Kleinstbesetzung!) in Lauf
30.04.	Straßenauftritt am Grünen Markt in Bamberg für die Christoffel-Blindenmission"
04.07.	Musikalische Mitwirkung in Schwarzenberg beim „Schwarzenberg-Tag"
13.09.	Gospelkonzert in der Petri-Kirche in Seehausen in Gemeinschaft mit dem Gospelchor der Petrikirche Seehausen
14.09.	Musikalische Gestaltung beim Gottesdienst in Petrikirche in Seehausen
09.11.	Auftritt in Coburg vor der ehemaligen Synagoge und anschließend im Rathaussaal bei der Gedenkfeier für den 9.November 1938
6.12.	Singen beim Geburtstag von Christine Wagner

> Geschichten und Anekdoten:
> 21.06.1997 Michael Silberhorn studierte Tonmeisterei in Detmold.
> Als Facharbeit ist eine Tonaufnahme angesagt, die er mit INSPIRA-
> TION in der Gügelkirche anfertigen will. Er schleppt sein Aufnahme-
> instrumentarium dort hinauf und macht in der herrlichen Akustik die
> ersten fachgerechten Tonaufnahmen mit uns. Staunen übers Resul-
> tat: Das sind wir? Aber auch erste Erfahrungen mit der Mühselig-keit
> der Studioarbeit.

STADT BAMBERG

Bis auf wenige Ausnahmen alljährliches Ritual: Advent vor St. Martin. In schöner Regelmäßigkeit frierend, aber mit geduldigem Publi-

STADT BAMBERG POSTFACH 110 323 96031 BAMBERG

Stadt Bamberg
Amt 45
Rathaus Maxplatz

96047 Bamberg

STADT BAMBERG
Kulturamt
2 0. Okt. 1997

Straßenverkehrsaufsichtsamt
Moosstraße 65

Postfach 110 323
96031 Bamberg

Telefon : 0951/91825-11
Telefax : 0951/91825-40
Telex : 662493 stbbg d

Bankverbindung :
Stadtsparkasse Bamberg
Kto.: 18 (BLZ 770 500 00)

Aktenzeichen	Auskunft erteilt	Zi.Nr.	Telefon (Vorwahl 0951)	Telefax	Datum
31 S VI	H. Steinfelder/Ex. Höfe	5	91825-18/-19	91825-40	16.10 .1997

Vollzug der Straßenverkehrsordnung (StVO);
hier: Standkonzert

Zum Antrag vom 14.10.1997

Gemäß §§ 29 und 47 der StVO wird der/dem x Gruppe Inspiration
in stets widerruflicher Weise die Erlaubnis erteilt,

am: 29.11.1997 Uhrzeit: 14-15 Uhr   Ort: vor der Martinskirche

eine Geistliche Musik zum Advent abzuhalten.

Durch die Musik-/Gesangsdarbietung darf der Fußgänger- und Fahrverkehr nicht behin-
dert werden

> Geschichten und Anekdoten:
> 29.03.1998 INSPIRATION ist engagiert für die musikalische Umrah-
> mung einer Lesung von "Jossel Rakovers Wendung zu Gott" in Lauf.
> Der gesamte Bass hatte kurzfristig abgesagt. In Windeseile hat der
> Restchor das jüdische Repertoire nach dreistimmigen Sätzen durch-
> forscht und das Programm geändert.

1999

21.02.	Musikalische Gestaltung im Gottesdienst in Lichteneiche
12.03.	Musikalische Gestaltung der Feier von Veras Aufnahme in die Jüdische Gemeinde
14.03.	Musikalische Gestaltung bei einem Gottesdienst in Memmelsdorf
19.03.	„Begegnung mit Israel", Konzert in der ehemaligen Synagoge in Coburg
02.05.	INSPIRATION singt und spielt seit 10 Jahren" Benefizkonzert in Drosendorf
13.06.	"Begegnung mit Israel", Konzert in Lauf (Kommentar einer Zuhörerin: „Gestern war ich in Anatevka. Gegen euch war das kalter Kaffee!")
26.06.	Musikalische Mitwirkung beim Schwarzenbergtag (9 Teilnehmer!)
25.07.	Abschiedssingen für Hardl
09.09.	Auftritt im Foyer des Klinikums Bamberg bei der Eröffnung der Ausstellung "Bilder aus Israel"
27.11.	„Begegnung mit Israel", Konzert in der Morizkirche in Coburg zu Bildern von Chagall

Geschichten und Anekdoten:
12.03.1999 Vera Olmer ist in die jüdische Gemeinde eingetreten und feiert als Naomi gemeinsam mit Yael ihre Batmitzwa (Tochter des Gesetzes). Gebet, Tanz, Gesang und Musik finden ihren Gleichklang. Wieder ist INSPIRATION Musiklieferantin. Hier singen wir zum ersten Mal „Chaj, chaj, chaj" – das den Titel für dieses Büchlein hergab.

Marc Chagall
„Exoduszyklus"
Eine Botschaft von Befreiung und
Bewahrung
(27. November bis 17. Dezember 1999)
in der Morizkirche Coburg

27. November Samstag 18.00 Uhr	Ausstellungseröffnung Musik, kurze Einführung, Konzert mit der Gruppe „Inspiration"
29. Nov. 1999 Montag 20.00 Uhr	„Das wandelnde Gottesvolk" Bilder der Befreiung und des Aufbruchs

Referent:
Pfr. i.R. Günter Reumschüssel, Hannover

Ort: Morizkirche, Coburg

Öffnungszeiten: Mo- So 10 - 18Uhr, Do bis 20Uhr
Führungen auf Anfrage. Kontakt : Pfarramt St. Moriz 09561-871424
Veranstalter: Kirchengemeinde St. Moriz und das EBW

Musikalisch-kultureller Streifzug

Gruppe „Inspiration" gab in Hirschaid Benefizkonzert für Anja

HIRSCHAID. „Musik ist Geist" – unter diesem Motto bot die Gruppe „Inspiration" in der Pfarrkirche St. Vitus ein Konzert der eigenen Art. Das Ensemble lässt sich in kein gängiges Schema pressen: Kein Jugendchor, aber auch kein gediegener Kirchenchor. Chormusik mit hervorragenden Gesangssolisten steht gleichberechtigt neben Instrumentalmusik. War eben noch ein ostkirchlicher Hymnus zu hören, überraschten im nächsten Stück die „Inspiration-Klezmers", mit einem meditativ-feurigen Nigunim, der Musik der Chassiden Osteuropas.

Die „Engelballade" der zeitgenössischen Komponistin Erna Woll war ebenso zu hören wie der Gospel-Evergreen „Oh Happy Day". Ein alter jiddischer Schlager aus Odessa, „Adessa Mame", interpretiert von Vera Olmer und begleitet von den Klezmers, paarte sich mit einem Bob-Dylan-Song, arrangiert und gesungen von Sepp Kuffer. Auf Spirituals, in denen Gabriele Netal-Backöfer, Vera Olmer, Karin Leisner und Sepp Kuffer ihre solistischen Fähigkeiten unter Beweis stellten und bei denen niemand ruhig sitzen blieb, folgte das Madrigal „Fa una Canzone" von Orazio Vecchi, das israelische Folklorestück „Háva Nagila" und ein schwedisches Abendlied (Solo Gisbert Reiter). Mit einem irischen Reisesegen verabschiedete sich der Chor von seinem begeisterten Publikum, doch ohne eine Zugabe – „Lach Yerushalaim", ein Loblied auf Jerusalem – durfte „Inspiration" nicht nach Hause.

Verbindendes Prinzip all dieser Zeit-, Kultur- und Stilsprünge war das Motto „Musik ist Geist" - wenn man sich auf die Musik verschiedener Kulturen einlässt, erfährt man, was sie im Innersten verbindet: der Geist, der Spirit, die Inspiration. „Lassen Sie sich mitnehmen vom ‚Chariot', dem Himmelswagen, der uns eine andere Wirklichkeit zeigt, uns über den Jordan blicken lässt", bot Sepp Kuffer dem Publikum an. Dieses folgte der Aufforderung gerne und war von Anfang an begeistert mit von der Partie.

Inspiration entstand vor elf Jahren aus einer „Väterband", die in der Pfarrgemeinde Memmelsdorf kindgerechte Gottesdienste musikalisch gestaltete. Durch ihre Zusammenarbeit mit der israelitischen Kultusgemeinde lernte sie den Reichtum und die Intensität der jiddischen und israelischen Musik kennen, die neben Gospels und Folklore, Madrigalen und Popsongs ihr Schwerpunkt ist. Der Erlös dieses Konzerts, 1000 Mark, geht an die „Hilfe für Anja".

2000

06.02.   „Musik ist Geist", Benefizkonzert „für Anja" in Hirschaid

19.03.   Mitwirkung beim 40-jährigen Priesterjubiläum v.Pf.Güthlein

04.05.   Singen zum 50. Geburtstag von Dr. Ignatzi

13.05.   Singen zum 50. Geburtstag von Hannes

28.06.   Auftritt auf der Giechburg für den Verein Leuchtfeuer (bei strömendem Regen unter einer Dachnische. Wir konnten die Veranstaltung retten, weil wir die einzigen waren, die "unplugged" spielen konnten)

01 .07.   Singen zu Lisas Geburtstag

02.07.   Auftritt vor der Kirche in Lichteneiche, gemeinsame Matinee mit dem Chor aus Odessa

05.08.   Musikalische Gestaltung bei der Hochzeit von Lisa Kuffer in der Schlosskapelle von Seehof

16.09.   Konzert „Begegnung rmit Israel" bei der Eröffnung des Levi-Strauß-Museums in Buttenheim

23.09.   Musikalische Gestaltung des Erntedank-Gottesdienstes in Gundelsheim

05.11.   Musikalische Gestaltung beim Gottesdienst in Schwarzenberg

15.11.   Verleihung der Ehrenurkunde an INSPIRATION vom „Institute for Contemporary History and Wiener Library" durch Herrn Dr. Loebl

19.11.   Konzert "Begegnung mit Israel" im Hoftheater Dehnberg. Dr. Herbert Loebl war ebenfalls zu Gast.

euchtfeuer e.V.

Einrichtung für schwerst- und mehrfachbehinderte
Kinder und junge Erwachsene

00-07-25

Liebe Mitwirkende am verregneten Giechburg- open air,

nun wird es Zeit, dass ich mich bei Ihnen melde und für diesen Reinfall entschuldige, nichts gibt Ihnen die Vorbereitungs- und Probenzeit zurück, nichts lässt Geschehenes ungeschehen machen und Versäumtes nachholen.
Da ich keine schriftliche Zusage zur Raumnutzung hatte, lag der Fehler eindeutig bei mir und ich bin mir bewusst, dass es nicht Alle mit großer Freude erfüllen wird wieder eine Anfrage zum Mittun zu bekommen.
Ja ich verstehe es gut, wenn Sie ablehnen wollen, trotzdem bitte ich Sie aus ganzem Herzen, tun Sie es für unsere Vision Kindern und jungen Erwachsenen ein Zuhause zu geben die in unserem Gesundheitssystem sonst auf der Strecke bleiben.
Gleichzeitig mit der Entschuldigung möchte ich Allen noch mal für das große Engagement danken es ist einfach grandios; ganz besonderer Dank geht an die

...titute of Contemporary History and Wiener Library Limited

4 Devonshire Street London W1N 2BH

Telephone 020 7636 7247   Fax 020 7436 6428   e-mail: lib@wl.u-net.com

...or   *President*   *Academic Consultant*
...sor David Cesarani   *Alan Montefiore*   *Professor Walter Laqueur*

Chor 'Inspiration'
c/o Herrn Erwin Burkhard
Michaelsbergweg 4
96117 Memmelsdorf
Germany

18 Mai 2000

Sehr geehrter Herr Burkhard

Wir sind schon seit einiger Zeit über die bewundernswerte und inspirielle Arbeit des Chors "Inspiration" unterrichtet und schätzen es sehr wie er die jüdische Musik- und Kulturtradition in Oberfranken erforscht, feiert und verbreitet.

Insbesondere sind wir vom Bildungswert des Chors beeindruckt, der zu einem positiven Beitrag zur Versöhnung zwischen Juden und Nichtjuden in Deutschland führt.

Im Namen des Vorsitzenden der Wiener Library - die 1933 von Alfred Wiener, einem jüdischen Flüchtling aus Deutschland gegründet wurde - freuen wir uns Ihnen mitteilen zu können, daß wir Ihnen eine Urkunde verleihen möchten, als Anerkennung der bemerkenswerten Leistungen des Chors.

Wir haben Herrn Dr. Herbert Loebl aus Newcastle upon Tyne gebeten eine Präsentation in unserem Namen zu veranlassen, die nach Besprechung entweder in Memmendorf oder Bamberg stattfinden soll. Er wird sich recht bald mit Ihnen in Verbindung setzen, um die entsprechenden Vorbereitungen einzuleiten.

Wir bedanken uns beim Chor, die Erinnerung aufrechtzuerhalten und hoffen diese noch viele weitere Jahre fortzuführen.

Mit freundlichen Grüßen

...RÖFFNUNG

...amstag, 16. September,
...onntag, 17. September

...nstag, 16.09.2000

...Uhr **Offizieller Festakt**

...Uhr Festansprache des Bayerischen Staatsministers
für Landesentwicklung und Umweltfragen
Dr. Werner Schnappauf

ständig Vorort

**GROSSES KINDERPRO...
GRAMM**

Puppenbühne Herrnleben O...
...berer Morelli und Tres Delline...
O Workshops O Ballonflugwe...
...bewerb O Glücksrad O Hüpf...
Buttons O Kinderschminken
Levi's-Rallye O Luftballonmo...
O Jeans-Tauziehen O Mal- ur...
Bastelwettbewerb O Torwand...
vieles mehr...

Musikalisches Programm

SAMSTAG, 16. SEPTEMBER 2000

Bühne 1

14.00 Uhr **Old River Jazz Band**
16.30 Uhr **Cornhuskers Square-Dance**
17.00 Uhr **BRIN**

Bühne 2

14.00 Uhr **Inspiration (jiddische Musik)**
16.00 Uhr **Jazz-Syndikat**
18.30 Uhr **ASTRAL ESCAPE**

Ebenfalls ein ungewöhnlicher Auftritt: Eröffnung des Levi-Strauss-Museums in Buttenheim

88

2001

18.03.	"Elijah Rock – Musik von Himmel und Erde", Konzert in Hirschaid
20.06.	Teilnahme an einem Chorkonzert im Rahmen der Europatage der Musik in Schloss Seehof. Ein Chor und Streicherensemble aus Odessa wirkten mit. Charly Pelikan leitet den Chor anstellle von Gabriele und Seppi
21.07.	Studioaufnahmen beim Tag der offenen Tür in der Schule für Rundfunktechnik, Nürnberg. Werner Huder macht eine CD von INSPIRATION
08./0.9.09.	Konzert in Seehausen/Beuster (Altmark) :"Musik zwischen Himmel und Erde". Wir singen mit dem dortigen Projektchor (Ralph Netal) in der Petrikirche. In Beuster bei Seehausen Gottesdienstgestaltung bei der Installation der neuen Pfarrerin.
15.09.	Singen im Rothof bei Gaustadt beim Geburtstag von Karin
27.10.	Musikalische Gestaltung bei einer Hochzeit in Memmelsdorf.
28.10.	Benefizkonzert in der Kirche in Breitengüßbach für den Bau des Jugendheimes: "Musik zwischen Himmel und Erde"
08.11.	Konzert in kleiner Besetzung im Stadtarchiv von Bamberg bei der Eröffnung der Ausstellung über das Schicksal jüdischer Schüler aus Bamberg
24.11.	Singen beim Geburtstag von Gabriele in Lauf (kleine Besetzung - üppige Versorgung)
26.11.	"Musikalische Begegnung mit Israel", Konzert in der Universität in Bamberg bei der Werkstatt Theologie („Warum singen Sie nicht im Audimax und warum hat man von Ihnen noch nie etwas gehört?)

„Inspiration" im Benefizkonzert

BREITENGÜSSBACH. Zu einem Benefizkonzert mit der Gruppe „Inspiration" lädt der Pfarrgemeinderat am Sonntag, 28. Oktober, um 17 Uhr in die Pfarrkirche St. Leonhard. Das Ensemble lässt sich in kein gängiges Schema pressen: Unter dem Motto „Musik von Himmel und Erde" steht Chormusik gleichberechtigt neben Instrumentalmusik. Zum Repertoire gehören ostkirchliche Musik und Klezmer-Klänge. Gospels und Spirituals werden ebenso interpretiert wie alte jiddische Schlager, Songs von Bob Dylan oder Madrigale. Die Gruppe „Inspiration", deren Mitwirkende im Raum Bamberg ansässig sind, machte kürzlich von sich reden, als sie für ihre Verdienste um die Verständigung zwischen Juden und Nichtjuden eine Auszeichnung des Londoner „Institute Of Contemporary History" erhielt. Der Eintritt ist frei, Spenden fürs neue Pfarrzentrum werden erbeten.

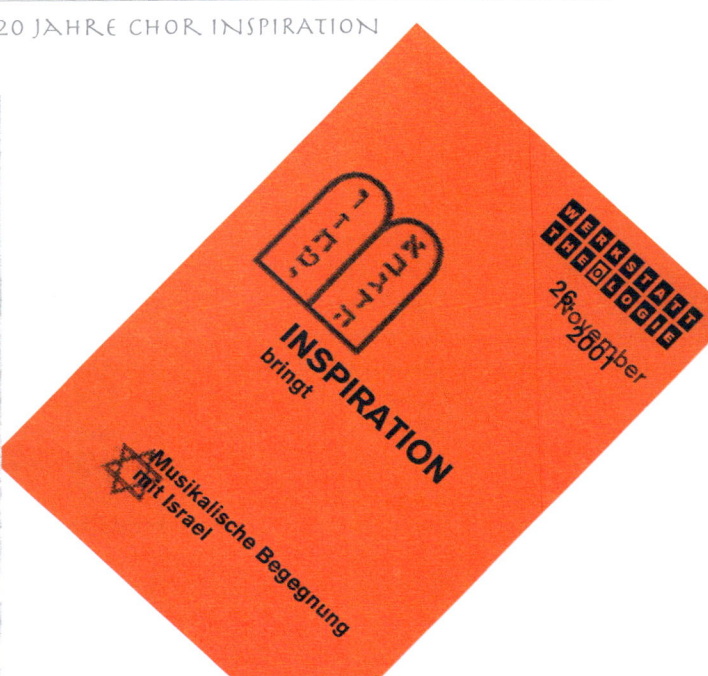

Jüdische Wurzeln betont

Bamberger „Werkstatt Theologie" als Erfolg

BAMBERG. Zwei Tage lang beschäftigten sich Dozenten und Studierende der Theologie an der Universität Bamberg im Rahmen der „Werkstatt Theologie" intensiv mit dem Judentum und seiner Bedeutung für das Christentum. Den Teilnehmern erschloss sich das Judentum als facettenreiches Bild: Sie gewannen einen Überblick über die gemeinsame Geschichte von Judentum und Christentum. Wichtig war den Referenten, dass die Christen den Dialog mit den Juden suchen müssen – andernfalls leugnen sie ihre eigenen jüdischen Wurzeln. In Arbeitskreisen beschäftigten sich die Teilnehmer mit jüdischer Liturgie und jüdischem Glauben heute. Eine Exkursion führte zum jüdischen Friedhof in Burgkunstadt und zur alten Synagoge in Altenkunstadt, eine andere zur Israelitischen Kultusgemeinde Bamberg. Höhepunkt der „Werkstatt" war eine Soiree mit der Gruppe „Inspiration". Musik aus der Synagoge ertönte, dann die rhythmischen Lieder der Juden Osteuropas – aber auch Melodien, die Juden während der NS-Herrschaft sangen. Gemischte Gefühle kamen bei den Zuhörern auf: Bewunderung für die älteste monotheistische Weltreligion und die jüdische Kultur, Trauer, wenn die Unterdrückung und Vertreibung von Juden thematisiert wurde, Begeisterung für die rhythmische Klezmer-Musik. Doch überwogen Lieder, die Hoffnung vermittelten – auf Frieden. gep

2002

19.03.   „INSPIRATION presents: Meeting Jewish Music"
            Konzert im Renaissancessaal Schloss Geyerswörth anlässlich eines Smposi-
            ons der Sacred Heart University, Field, Connecticut (USA) und der Universität
            Bamberg über Jewish-Catholic-Lutheran Dialogue. (Etwa ebenso viele Zuhö-
            rer wie Musiker. Dennoch großartige Atmosphäre durch das spontane Mit-
            wirken eines Rabbiners)

01.06.   Seppi und Vera singen bei einer Hochzeit auf dem Gügel. Entstehung der
            kleinen Formation MAZEL-DIK-BAND: Vera Olmer, Sepp Kuffer, Hardl Wies-
            neth

16.06.   "Lieder vom Leben", Benefiz-Konzert im Hospizhaus Bamberg

07.09.   Musikalische Gestaltung einer Hochzeit in Stegaurach.

28.09.   Singen bei Veras 50. Geburtstag in Memmelsdorf

10.11.   "Musikalische Begegnung mit Israel", Konzert in der Unterkirche auf dem
            Feuerstein zum Gedenken an den 9.November 1938

01. – 03.11. Chorwochenende in Kloster Schwarzenberg

Engagement bei den „Schwarzenbergtagen" INSPIRATION ist ein steter Faktor der Gestaltung geworden.

C H A J ! Wir leben noch!

Brücke zwischen Religionen

Uni Bamberg und University Fairfield leisten christlich-jüdischen Dialog

BAMBERG. Mit der Geschwisterlichkeit tun sich Christen und Juden schwer – nach wie vor beherrschen gegenseitige Vorbehalte weithin das Klima, wie gerade bei den jüngsten Auseinandersetzungen im Nahen Osten offenbar wird. Als Brückenbauer im Kleinen erweisen sich dagegen das Center for Christian-Jewish Understanding (CCJU) der amerikanischen Sacred Heart University, Fairfield, und die Fakultät Katholische Theologie der Universität Bamberg.

Dozenten beider Einrichtungen haben gemeinsam mit evangelischen Theologen der Universität Erlangen-Nürnberg in Bamberg bei einer Tagung über die Frage nachgedacht: „Was wollen wir (als Vertreter der jeweiligen Religion bzw. Konfession), was andere über uns lehren?" Und über die Inhalte, die Christen über Juden und Juden über Christen an ihren Ausbildungsstätten vermitteln, formen und übertragen sich Bilder, die langfristig günstige oder schädliche Wirkungen für eine friedliche Koexistenz haben können.

Das Fazit der dreitägigen Veranstaltung unter Leitung von Dr. David L. Coppola, der neben Rabbi Joseph Ehrenkranz als Co-Direktor des Center for Christian-Jewish Understanding fungiert, lässt sich knapp auf den Punkt bringen: Auf der Basis der gemeinsamen Wurzeln von Abraham sowie von Jesus und den Aposteln als Juden lässt sich für den Großteil der christlichen wie auch jüdischen Theologen eine gemeinsame Zukunftshoffnung ableiten. Dies unterstrichen etwa der Bamberger Ökumeneprofessor und Domkapitular Dr. Wolfgang Klausnitzer, Rabbi David Fox Sandmel und Prof. Dr. Martin Rothgangel von der Pädagogischen Hochschule Weingarten. Klausnitzer betonte, dass die Zukunftshoffnung auf einem Dialog der „versöhnten Verschiedenheit" beruhen könne, die aus den unterschiedlichen Anschauungen unter dem Blick auf die Einheit eine eindeutig untergeordnete Stellung einnehmen werden.

Zu der Vorstellung der orthodoxen Juden, die Rabbi Michael Dushinski bei der Bamberger Tagung präsentierte und die eine historisch-kritische Diskussion der Thora ausschließt, fanden die christlichen Theologen wenig Anknüpfungspunkte. Doch während in Israel selbst die orthodoxen Juden in der theologischen Diskussion den Ton angeben, spielen in den Vereinigten Staaten die reformorientierten Kräfte die ausschlaggebende Rolle. Auch die Christen haben noch Nachholbedarf, um Reste des Antisemitismus auszuräumen, unterstrich Rothgangel. Es müsse gelingen, die antithetischen Wertungsmechanismen wie „mitmenschlicher Jesus" versus „selbstgerechte Pharisäer" oder „Kreuzestod Jesu" versus „Gottesmörder" abzubauen, die mit dramatischen Folgen in nicht-religiöse Bereiche übertragen werden.

Die Tagung wird, diese Chance erkennt Klausnitzer, den Weg zu einem intensiveren Dialog zwischen Theologen in Bamberg und Hochschullehrern in Fairfield eröffnen. lu

Siehe auch
www.ccju.org

Montag, 27. Oktober 2003 — **BIESE-ALAND-KURIER** — Volksstimme

Chorkonzert eröffnete Feierlichkeiten zum 111. Geburtstag des Diakoniekrankenhauses Seehausen

Sänger begeisterten Publikum

Der Chor „Inspiration" aus Bamberg und der Gospelchor „Inspiration" aus Seehausen gaben ein beeindruckendes Konzert in der Seehäuser Salzkirche. Foto(2): Walter Schaffer

Seehausen (ws). In wenigen Tagen, genau am 6. November, begeht das Diakoniekrankenhaus Seehausen seinen 111. Geburtstag.

Aus diesem Anlass fand neben anderen geplanten Veranstaltungen am Sonnabend in der Salzkirche ein Konzert statt, zu dem die Leitung des Krankenhauses eingeladen hatte. Dr. Walter Fiedler begrüßte die Gäste und zeigte einige geschichtliche Fakten zur Entwicklung der Krankenpflege in der Wischegemeinde auf. Für viele war die Tatsache neu, dass es bis zum Jahre 1892 in der Nachbarschaft der Salzkirche ein kleines Krankenhaus mit 2 Zimmern und 6 Betten gegeben hat. „Weshalb wir die Eröffnung unserer Geburtstagsfeier heute schon vornehmen, liegt daran, dass wir Gäste aus Bamberg begrüßen können. Und wir haben uns gedacht, dass wir diese Gelegenheit nutzen, um die Festwochen mit einem gemeinsamen feierlichen Konzert zu beginnen." Gemeinsam bedeutet in diesem Zusammenhang, dass der Gastchor „Inspiration" aus Bamberg und der Gospelchor „Spirit" aus Seehausen unter wechselnder Führung von Gabriele Netal-Backöfer aus Bamberg und Dr. Ralph Netal aus Seehausen auftraten. Von der Leiterin des Gastchores war zu erfahren, dass die Verbindung mit Seehausen einen rein familiären Ursprung hat, da der Leiter von „Spirit" ihr Bruder ist, mit dem sie viele Jahre zusammen in Franken gesungen hat, und zwei weitere Schwestern zu den Chormitgliedern zählen.

Schon bei der Vorstellung der beiden Chöre waren die Sympathien auf der Seite der Sängerinnen und Sänger, da dies in einer sehr lockeren Art geschah. „Auch wenn es in der Ankündigung Gospelkonzert hieß, so werden wir heute keine reine Gospelmusik vorstellen, sondern einen Mischmasch aus den verschiedensten Kulturkreisen bieten", so Gabriele Netal-Backöfer in insgesamt vier großen Blöcken – nach denen es – eine kurze Pause – ging es um die Themenkreise „Sehnsucht nach Gottes Nähe", „Von Liebe und Lebenslust", „Der Schrei der zum Himmel aufsteigt" und „Geborgen in Gottes Hand". Spirituals, geistliche Lieder der Ostjuden, afrikanische Liebeslieder und auch deutsche Volkslieder wie „Der Mond ist aufgegangen" wechselten in Folge. Sehr positiv empfanden es die meisten Gäste, dass zu den einzelnen Liedern eine kurze Einführung gegeben wurde.

Auch sozialkritische Aspekte von damals, die auf die heutige Zeit transformiert wurden, bereicherten das Programm. Es ist nicht möglich, eines der gesungenen Lieder als Favorit darzustellen, aber bei dem Spiritual „Were you there" oder dem Spiritual „Joshua fit the battle", dem Spiritual über die Eroberung Jerichos, merkte man schon die Ergriffenheit und Konzentration der Besucher. Dr. Walter Fiedler bedankte sich bei beiden Chorleitern und bemerkte, dass der Bamberger Dom und die Seehäuser Kirche gleich groß seien, nur dass der Dom besser erhalten ist. Damit animierte er die Besucher für eine Spende, die für Restaurierungsarbeiten in der Kirche St. Petri genutzt wird. Der Inhalt des Geigenkastens erbrachte eine stattliche Summe von 486,60 Euro, die Kantor Friedemann Nitsch für die Kirche in Empfang nahm.

Mit der Zugabe „Der Himmel ist ein wunderbarer Ort" (auf jiddisch) verließen beide Chöre unter großem Beifall die Bühne.

Für die Gäste, die schon dreimal in Seehausen waren, gab es am Sonntag noch ein Konzert in der katholischen Kirche in Osterburg.

Der Vortrag der beiden Chöre fand ein aufmerksames Publikum.

2003

16.02.   Konzert in Obernzenn "Von Engeln und Menschen"

09.03.   "Begegnung mit jüdischer Musik", Konzert in Höchstadt a. d. Aisch

19.03.   Mitwirkung bei der Veranstaltung "Pro Christ" anlässlich einer bundesweiten Aktion freikirchlicher evangelischer Gemeinden.

24.04.   Auftritt in der Konzerthalle Bamberg anlässlich der Jahrestagung der Gemeinschaft katholischer Männer und Frauen im Bund Neudeutschland. Thema der Veranstaltung am Vormittag: "Mirjam tanzt! Mit allen Sinnen leben" Zusammenarbeit mit der Ballettschule Arabesque von Alina Scheffler-Schagall

01.08.   Open-Air-Auftritt einer kleinen Gruppe von INSPIRATION auf der Burg Hohenstein

14.08.   Musikalische Gestaltung des Gedenkgottesdienst für Georg Schott, der lange im Chor mitgesungen hat

04.10.   "Der Frieden stiftet in seinen Himmelshöhen, der stifte Frieden unter uns. Begegnung mit jüdischer Musik", Konzert in der Synagoge in Memmelsdorf/Ufr.

11.10.   "Lieder des Lebens", Konzert in Bad Windsheim bei einem Workshop des Hospizvereins.

25./26.10.   "Es berühren sich Himmel und Erde" Chorkonzerte in der Salzkirche in Seehausen und in der kath. Kirche in Osterburg (Altmark) anlässlich "111 Jahre Krankenhaus Seehausen". Es singen INSPIRATION und ein Projektchor Seehausen (Gabriele Netal-Backöfer und Ralph Netal)

24.11.   Musikalische Gestaltung beim ökumenischen Begegnungsabend der Pfarreien Memmelsdorf und Lichteneiche im Rahmen der ökumenischen Bibelwoche

28.11.   Singen einer kleinen Gruppe bei Gabrieles Geburtstag

Dr. Helmut Täuber

...ssen 7,
...951/54737; F.
...nail: dr.helmut.taeub...

Bamberg, 02.05.200.

Frau
Gabriele Netal-Backöfer
Leiterin von "Inspiration"

z.Kt. Frau Mechthild Burkard und Herren Erwin Burkard, Josef Kuffer und Sebastian Butterh...

Ihre Mitgestaltung von „Mirjam tanzt"
am 24.04.2003 in der Bamberger Konzert- und Kongresshalle

Sehr geehrte Frau Netal-Backöfer,

„Inspiration" hat sich als Erfolgsgarantie für das liturgische Experiment „Mirjam tanzt"
erwiesen!

- Ihre Bereitschaft, sich auf eine Idee einzulassen
- Ihre guten Gedanken bei der Planung und Durchführung
- Ihr Durchhaltevermögen bei den Proben
- Ihre künstlerische Ausdruckskraft
- Ihre spürbare Freude beim Bekenntnis Ihres jeweiligen Glaubens:

Alles zusammen hat den Vormittag ganz wesentlich mitgeprägt.

Die 900 „Mitschwingenden" durften „Inspiration" als Beispiel der gelungenen Gestaltung eines Lebensbereiches erfahren, so klar und tief, wie es (in der Anlage) von einer
Begeisterten in unserer Kongress-Tageszeitung zurückgemeldet worden ist.

Ich danke Ihnen und jedem der Mitwirkenden einzeln sehr für Ihre Anstrengung und
Disziplin, für Ihren hohen Freizeiteinsatz, für Ihre offene Zusammenarbeit mit Frau
Schagall-Scheffler und ihren Tänzerinnen:
Ihr so sympathisches Glaubensbekenntnis gibt den Teilnehmern Mut und Zuversicht

Der Geist von „Inspiration" formte „Mirjam tanzt" mit und schuf so einen Kongress-
höhepunkt!

Mit Ihnen freue ich mich über Ihren Erfolg.

Ein entspannendes Wochenende wünsche ich Ihnen sehr herzlich.

Helmut Täuber

Wirklich aufregend war unser Auftritt
in der Bamberger Konzert- und Kongresshalle mit „Mirjam tanzt". Erstmals
auch Zusammenarbeit mit der Ballettschule von Alina Scheffler-Schagall.

In **M** usik und Tanz,
I n Wort und Bild den Fragen des Leb...
nachspüren und darin den **R** uf Gottes vernehmen.
J a sagen zu ihm, der mich in dieses
Leben gestellt hat und ihm **A** ntworten
M it meinem Leben.

Ihm **T** rauen
und nicht **A** ufgeben,
immer wieder **N** eu Hoffnung schöpfen
und voll **Z** uversicht
mein Leben **T** anzen, weil Gott es mit mir lebt.

Tief beeindruckt kann ich nur DANKE sagen für das Geschenk dieser Stunde
die für mich wie ein Traum waren!

Inge Huber

94

2004

29.02.	Auftritt im Live-Club und anschließend in der Dominikanerkirche beim Kulturfestival (zentrale Eröffnung der Misereor-Aktion in Bamberg)
02.04.	„...der Frieden stiftet in den Himmelshöhen - der Schabbath in Text und Musik ", Konzert in der ehem.Synagoge in Coburg
25.04.	Gestaltung einer Erstkommunionfeier in St.Lioba in Nürnberg (kleine Gruppe)
08.05.	"...der Frieden stifte unter uns", Konzert im evang. Gemeindehaus in Lauf anlässlich der Ausstellung "Spurenwechsel"
12.06.	Musikalische Gestaltung bei einem "anderen Gottesdienst" über das Vater unser (kleine Besetzung) in der Kirche in Litzendorf
26.06.	Konzert in Memmelsdorf/Ufr. anlässlich des 275-jährigen Bestehens der dortigen Synagoge (kleine Besetzung)

Im „Spiegel der jüdischen Seele

Klezmer-Konzert Auftakt der Feiern zum 275-jährigen Bestehen der Synagoge Memm

07.08.	Singen beim Geburtstag von Mechthild Burkard in Demmelsdorf
26.09.	Musikalische Gestaltung beim einem „Bewegten Gottesdienst" in St. Elisabeth in Nürnberg
24.10.	„Lieder des Lebens" in der Evang. Kirche in Ermreuth
07.11.	Chorwochenende in Kloster Schwarzenberg
25.11.	Mitwirkung am Ökumenischen Gemeindeabend zum 30-Jährigen Wirken von Pfarrer Güthlein
04.12.	Straßen-Auftritt „Advent vor St. Martin": „Lieder der Hoffnung"

Kulturfestival
aus Anlass der bundesweiten
Eröffnung der MISEREOR-Fastenaktion
Obere Sandstraße
B A M B E R G
So, 29. Februar 2004
Eintritt frei

	AFRIKA Haas-Säle	ASIEN Live-Club	Elisabethenkirche
	...ba Samba vom Dom über die Residenzstraße in die Sandstraße		
	...fon:	Benares-Ensemble: (Indien)	Alabanza: Kubanische Rhythmen
	...thmen und Songs ...Afrika	Einstimmung: Bischof Coutts (Pakistan)	Ein Hungertuch entsteht: Werkstattbericht von Ulrika Engler (MISEREOR) mit Kurzvideo
	...stimmung: ...hof Zeigler (Liberia)	Benares-Ensemble: Musik und Tänze aus Indien	
	...fon	Martin Neubauer: Literarische Lesung zum Thema „Brot"	Alabanza (Kuba)
	...eg ist kein Spiel" – ...dersoldaten in Norduganda ...zenierung mit den ...boni-Missionaren)	Philippinische Tänze	„Brot und Rosen" - Meditationen zum Hungertuch von Ulrika Engler (MISEREOR) mit Meditationsmusik
	...kis und Chor: ...ler aus Westafrika	Talk: „Sie decken den Tisch der Reichen" – Hausangestellte in Indien (Sr. Esther Pratiti)	
	...ro Scholter liest ...chen und Lyrik aus Afrika	Inspiration: Welt-Lieder	Alabanza: Rhythmen und Lieder aus Kuba
	von Rainer Lewandowski	„Ist das Boot voll?" Talk mit Dr. Beckstein , Bischof Coutts Erzbischof Dr. Schick und U. Sowa	Martin Neubauer: Literarische Lesung zum Thema „Brot"
13.15	Kaymy Llaqtay: Peruanische Tänze	Body & Soul: Afro-Percussion und Tanz	
13.30	Talk: Kolumbien, Gewalt und Menschenrechte (Pax Christi) Peru: Schmutziges Gold (Förderkreis Cajamarca)	Talk: Partnerschaft in der Einen Welt (Bischof Jacques Sarr, Senegal, und Suzanne Razanatsoa, Madagaskar)	Philippinische Tänze	Das Hungertuchprojekt der Justizvollzugsanstalt Bamberg mit Gefängnisseelsorger Marc May
13.45	Kaymy Llaqtay: Peruanische Tänze	afrofon	Kurztheater „Leben - und nicht leben lassen"	
14.00	Talk: Bolivien - ein Land im Umbruch mit Generalvikar Alois Albrecht; „Missionarin auf Zeit in Lateinamerika"	„Gemeinsam beten, bauen und essen" – Erfahrungen in Tansania (evang. Dekanat); Talk: „Missionarin auf Zeit in Tansania" (Margot Feller)	Benares-Ensemble: Musik und Tanz aus Indien	Alabanza (Kuba) bis 14.15 Uhr
				Jazzkeller
14.15	Inspiration: Welt-Lieder	Alexis und Chor	Talk: Die Armen haben Kredit (Oikokredit) „Missionarin auf Zeit in Osttimor" (Anke Beckering)	Trommel-Workshop James Opoku-Pare, Erlangen: Einführung in verschiedene Rhythmen und ihre Umsetzung (auch im Tanz)
14.30	„Trotz Dürre leben": Berichte aus dem Nordosten Brasiliens	Kurztheater „Leben - und nicht leben lassen"	Benares-Ensemble (Indien)	12.00-13.15 Workshop I 13.30-14.45 Workshop II
14.45	Anastácia Azevedo	afrofon		
15.00	Ramba Samba sammelt zum gemeinsamen Abschluss			
15.15	Gemeinsamer Abschluss im Dominikanerbau mit Erzbischof Dr. Ludwig Schick, Dr. Josef Sayer, den Gästen und Mitwirkenden			
15.30	Musikalisches Finale mit Anastácia Azevedo (Ende ca. 16.00)			
	Moderation: Mischa Salzmann (Dominikanerbau), Ulrike Siebenhaar (Haas-Säle), Marcus Appel (Live-Club) von Radio Bamberg			

Gleich zwei Auftritte für INSPIRATION bei einer Großveranstaltung: Zentrale Eröffnung der bundesweiten Misereor-Fastenaktion. Prompt kamen wir in Zeitnot, weil sich die Anfangszeiten immer mehr verschoben.

C H A J ! Wir leben noch!

2005

01.01.	Musikalische Gestaltung beim ökumenischen Friedensgottesdienst in Drosendorf
20.02.	„Lieder vom Leben" Konzert in der Mehrzweckhalle Nervenklinik (200 Jahre St. Getreu) Special Guest: Stefan Barnikel, Percussion
23.04.	Konzert in der evangelischen Kirche Kirchensittenbach
14.07.	Musikalische Gestaltung beim Firmgottesdienst in Drosendorf
29.07.	Open-Air-Auftritt beim Sommerfest auf Burg Hohenstein (mit Gewitter!)
04.09.	„CHAJ"! Konzert im neuen Gemeindesaal der israelitischen Kultusgemeinde Bamberg (Tag des jüd.Denkmals)
18.09.	Chorwochenende / Musikalische Gestaltung beim Gottesdienst in Kloster Schwarzenberg
08.11.	Konzert in der ehemaligen Synagoge Coburg (Gabriele und Seppi krank, Angela springt ein)
10.12.	Straßen-Auftritt „Advent vor St. Martin"

Inspiration - Chor
und Mazel Dik Band

Leitung: Sepp Kuffer

"Chaj !"

Konzert zum Tag des jüdischen Denkmals

**Neue Synagoge mit Gemeindezentrum
Bamberg, Willy-Lessing-Str. 7
Sonntag, 04.09.05, 17:00**

97

2006

01.01.	Musikalische Gestaltung beim ökumenischen Friedensgottesdienst in Drosendorf
28.01.	Konzert in Hummelthal
19.03.	Musikalische Gestaltung des Gottesdienstes beim Zusammenschluss der Pfarreien Memmelsdorf / Lichteneiche / Gundelsheim / Merkendorf
09.07.	Konzert in der ehemaligen Synagoge Memmelsdorf Ufr. (kleine Besetzung)
16.07.	Musikalische Gestaltung beim Passionsspiel in Kloster Schwarzenberg
05.11.	Chorwochenende / Gottesdienst in Kloster Schwarzenberg
07.11.	„Geschichte und Religion der Juden in Franken", Konzert in den ehemaligen Synagoge in Coburg mit Josef Motschmann
09.12.	Straßen-Auftritt „Advent vor St. Martin"

2007

01.01.	Musikalische Gestaltung beim ökumenischen Friedensgottesdienst in Drosendorf
18.03.	"Flügel der Morgenröte", Konzert in Bad Windsheim
15.04.	Musikalische Gestaltung bei der Erstkommunionfeier in Memmelsdorf
08.05.	Chortag
14.09.	Singen beim Geburtstag von Angela in Breitenau (bei Lici)
29.09.	Singen beim Geburtstag von Vera in Memmelsdorf
14.10.	"Lieder des Lebens", Konzert in Lauf
26.-28.10.	Chorwochenende in Kloster Schwarzenberg
15.12.	Straßen-Auftritt „Advent vor St. Martin

20 JAHRE
INSPIRATION

Jubiläumskonzert
am Sonntag 1.Juni 2008, 19:00 Uhr
Memmelsdorf / Drosendorf, Kath. Kirche

2008

01.01.	Musikalische Gestaltung beim ökum.Friedensgottesdienst in Drosendorf
02.03.	Konzert in Obernzenn
01.06.	„20 Jahre INSPIRATION", 1. Jubiläumskonzert in Drosendorf
27.06.	Ehrung von INSPIRATION im Bistumshaus Bamberg für ehrenamtliches Wirken
28.06.	Musikalische Gestaltung beim "Mitmachkonzert" und beim Gottesdienst Schwarzenbergtag
05.07.	Singen bei Margits 40.Geburtstag in Kronach
14.09.	„Freylekh zain!", 2. Jubiläumskonzert in der Israelitischen Kultusgemeinde
09.11.	„Chaj! Lebe!" Konzert in der ehemaligen Synagoge in Altenkunstadt
21.11.	Musikalische Umrahmung der Finissage der Sophia-Stiftung Bamberg im Dominikanerbau

Jubiläumskonzert
in der Israelitischen
Kultusgemeinde 2008.